Ernst Ludwig Theodor Henke

Caspar Peucer und Nicolaus Krell

Zur Geschichte des Lutherthums und der Union am Ende des

16.Jahrhunderts

Ernst Ludwig Theodor Henke

Caspar Peucer und Nicolaus Krell
Zur Geschichte des Lutherthums und der Union am Ende des 16.Jahrhunderts

ISBN/EAN: 9783743663763

Hergestellt in Europa, USA, Kanada, Australien, Japan

Cover: Foto ©ninafisch / pixelio.de

Weitere Bücher finden Sie auf **www.hansebooks.com**

Caspar Peucer und Nicolaus Krell.

Zur Geschichte des Lutherthums und der Union am Ende des 16. Jahrhunderts.

Von

Dr. E. L. Th. Henke.

Marburg.
N. G. Elwert'sche Universitäts-Buchhandlung.
1865.

Vorwort.

Herr Dr. Tholuck hat in der Reihe seiner „Lebenszeugen der lutherischen Kirche", welche „nur die hervorragenden unter den Vertretern eines lebendigen Christenthums" im 16. und 17. Jahrhundert darstellen und vielleicht manchen früher von ihm beschriebenen Schattenseiten derselben Zeit gegenüberstellen sollten, dem Kurfürsten August von Sachsen die erste Stelle eingeräumt. Und noch in diesem Jahre hat ein Mitarbeiter der Evangelischen Kirchenzeitung (Juliheft 1864 S. 709) versichert, daß der Kanzler Krell „die reine zu Recht bestehende lutherische Lehre und ihre Diener zu verdrängen gesucht habe", daß „seine Strafe eine harte und schwere aber gerechte gewesen" und daß es „eine große Ungerechtigkeit und Geschichtsmacherei sei, seinen Tod als eine Folge wüthenden Hasses von Seiten der Theologen darzustellen".

Diesen beiden Beurtheilungsweisen und dem Uebermaaß, welches die erstere im Lobe und die letztere im Tadel geübt hat, ist in den beiden hier vorliegenden Vorlesungen, welche wohl auch die gemeinsame Ueberschrift „zwei Märtyrer der evangelischen Union" hätten erhalten können, wieder ein etwas abgemesseneres und von Illusion befreiteres Urtheil nach den Acten entgegenzusetzen versucht. Sie gehörten ursprünglich in die Curse von Vorträgen, welche hier in Marburg seit fünf Jahren jeden Winter vor zahlreichen Versammlungen von Männern und Frauen pflegen gehalten zu werden, und sie wurden, die erste am 18. November 1862 und die zweite am 1. December 1863, fast ganz so wie sie hier vorliegen gehalten; nur sind ihnen hier auch noch die nöthigen Nachweisungen in den Anmerkungen beigefügt. Doch sofern nicht nur die Berichtigungen, sondern auch die Warnungen, welche sie etwa enthalten, noch jetzt neben Urtheilen, wie die angeführten, in größeren Kreisen Beachtung verdienen, wird ja wohl auch die weitere Bekanntmachung derselben und noch gewisser die Bitte um Segen dafür gerechtfertigt sein.

Marburg, 23. September 1864.

1. Caspar Peucer.

Zum vierten Male wird Lehrern unserer Universität die Ehre zu Theil, so Gott will einen Winter hindurch einer großen und verehrungswürdigen Versammlung Mittheilungen machen zu dürfen aus ihren Studien. Wenn sie aus diesem Zugeständniß auch das Recht ableiten, Gegenstände ihres besondern Faches und Interesses hier vorbringen zu dürfen, während dies Interesse doch nicht das allgemeine ist, so mag ihnen das nicht als Undank angerechnet werden, sondern nur als eine durch das Zugeständniß autorisirte Einseitigkeit; aber so werden sie dennoch wegen aller schlimmen Wirkungen dieser um desto mehr Geduld und Nachsicht zu bitten haben.

Es ist bekannt, welch ein schönes Verhältniß bestand zwischen Luther und Melanchthon; aller Orten hat man sich vor zwei Jahren bei der Wiederkehr des Todestages Melanchthon's daran erfreut, und darum auch darüber, daß damals in der Zeit ihrer Entstehung die Kirche der Reformatoren groß genug und dankbar genug für jeden ihr von Gott gegebenen Reichthum der Gaben war, um trotz des Dissenses zwischen Luther und Melanchthon in wichtigen Lehren dennoch sie beide und beider Schüler einzuschließen, und daß wenn auch nicht unter diesen doch unter ihnen selbst auch ohne völlige Einstimmigkeit die große Einmüthigkeit genügte sie in innigster Gemeinschaft zusammenzuhalten. Es ist nicht minder bekannt, eine wie enge Gemeinschaft und Freundschaft zwischen Melanchthon und Calvin bestand; in Zeiten so groß wie diese wollen die größesten Männer sich nicht vernichten, sondern freuen sich an einander als an göttlichen Geschenken trotz oder wegen ihrer Verschiedenheit, und so hatte in Melanchthon's letzter Zeit die evangelische Kirche so viel an Melanchthon lag auch für zwei Größen wie er und Calvin Raum und Weite und Frieden genug. Wann und wie und wodurch hat das aufgehört? Die Geschichte, welche hierauf die Antwort ist, kein Epos wohl aber eine Tragödie, ist viel zu verwickelt, als daß hier, auch mit Hülfe des Schriftstellers unter den Unsrigen, welcher ihr so viel Fleiß gewidmet und darum andern so dankenswerth vorgearbeitet hat, auch nur die Hauptsachen daraus mitgetheilt werden könnten. Nur ein sehr kleiner Theil davon mag hier beschrieben werden, nämlich bloß die Schicksale derer, welche als nächste Nachfolger an Melanchthons Stelle und so auch in seine Arbeit zur Erhaltung des Friedens unter den Protestanten eintraten, insbesondere die Schicksale des Mannes, der wohl vor andern Anspruch auf diesen Nachfolgernamen hat, seines Schülers und Schwiegersohns Caspar Peucer. Man hat oft den Unterschied zwischen reformirter und lutherischer Kirche bemerkt, daß die reformirte Märtyrer zu vielen tausenden und die lutherische fast gar keine gehabt hat; aber in ihrer eigenen Mitte hat die lutherische Kirche selbst einige zu Märtyrern werden lassen, und zwar gerade von denen, welche sich um ihren Frieden und um ihre Größe bemühten und für dies Bemühen, wie in diesem Falle; beides ist kein Ruhm gewesen, und so enthält es ja wohl beides eine Warnung.

Wir müssen zunächst die letzten Zustände ein wenig beschreiben dürfen, aus welchen Melanchthon schied, und welche er seinen Nachfolgern als Aufgabe und Wirkungskreis zurückließ.

Als Melanchthon gestorben war, fand man auf seinem Tische ein Blatt, worauf er sich kurz vorher bemerkt hatte, was ihm den Tod erleichtere[1]), und hier stand neben dem, worauf er sich freute, neben Durchbringen zum Licht und zum Anschauen Gottes und Christi und zum Verstehen hier unburchdringlicher Geheimnisse, auch dies, daß er dann werde befreit sein von der Sünde und von des Lebens Mühsal, und so auch von der Wuth der Theologen (et a rabie theologorum). In diesem letzten Worte lag die ganze Geschichte seiner letzten Jahre. Mit wie viel Liebe und Geduld war er, wie freilich auch immer vorher, so auch in diesen letzten Jahren unermüdet den Menschen nachgegangen sie vor Schaden zu behüten wie eine bekümmerte Mutter, ihren gegenseitigen Haß zu mildern und dem späteren Geschlechte eine davon nicht zerrissene Kirche zu retten, so daß das Wort eines größeren als er auf ihn paßte: „wie oft, Jerusalem, habe ich deine Kinder versammeln wollen wie eine Henne ihre Küchlein versammelt unter ihre Flügel, aber ihr habt nicht gewollt". Aber Haß und Sünde sind stets stärker und verbreiteter unter den Menschen als Liebe und Geduld, und so haben auch die stets auf mehr Zustimmung und Anhang zu rechnen, welche den Haß der Menschen zu beschönigen und zu bestärken wissen, als welche sie für Liebe und Geduld mit andern gewinnen möchten.

Melanchthon wollte am liebsten Frieden und Einheit in der ganzen Kirche, schon weil er die Reformation, die Anerkennung des Evangeliums, die Befreiung von Götzendienst ganz allgemein wollte und nicht wenigern als Allen wünschen konnte und durfte, auch weil er den Schaden im voraus bejammerte und darum wo möglich noch verhüten wollte, welcher für die spätern Geschlechter herauskommen mußte, wenn sie die Hülfe einer großen Gemeinschaft verloren und wenn sich ihnen nun statt der Liebe die Leichtigkeit zum Haß von Mitchristen gegen Mitchristen mit der Macht einer Ueberlieferung von den Vätern her mittheilte. War aber die Einheit der ganzen Kirche nicht mehr oder doch damals nicht zu retten, nun so wollte er wenigstens den weiteren Schaden der Auflösung so gering als möglich, und den von Abgötterei durch das Evangelium befreiten Theil der Kirche so stark und so groß und zukunftsvoll und darum auch so einig wie möglich machen. Aber der große Haufe, über welchen Melanchthon jammerte, mußte mit andern hadern, weil er es zu wenig mit sich selbst that, mußte die Unmuth über versäumte Arbeit an sich selbst und über Unerfahrenheit im eigenen Innern und den darauf gegründeten Hochmuth nach außen austoben und dadurch die eigene Verarmung vergessen und verdecken; erst so vermochten sie die Lehre, die doch nur Heilsmittel sein soll, als Selbstzweck und zwar so zu behandeln, daß es sie nicht anfocht, wenn noch so viel Haß und Leidenschaft dabei entzündet, wenn also der Zweck, das christliche Leben, noch so sehr dabei beschädigt ward; erst so entging ihnen mit der Selbsterkenntniß das Wissen um den Unterschied entscheidbarer oder unentscheidbarer Fragen und um die Grenzen der menschlichen Erkenntniß, und während sie an denen, welche sich um dies Wissen bemühten, wie Melanchthon, die Anmaßungen der Philosophie und der Vernunft beklagten und diese doch selbst zu gebrauchen nicht vermeiden konnten, war es oft, wie Melanchthon's Biograph und Freund Camerarius sie bezeichnet²), als wollten sie nur cum ratione insanire, als müßten sie nur den gemäßigten und normalen Vernunftgebrauch bei entscheidbaren Fragen verwerfen, aber den willkührlichen und rohen bei unentscheidbaren sich vorbehalten, vielleicht weil sie bloß auf diesen eingerichtet waren. Aber desto richtiger fühlten sie es heraus, daß der fromme Friedensstifter eines andern Geistes war als sie; desto mehr aber wurde er ihnen selbst und Luthers Anerkennung für ihn verhaßt, und desto eifriger suchten sie sich Rechtfertigungen für den Widerstand gegen ihn. Hätte dieser Widerstand bloß seiner Person gegolten, so würde er ihn gern und leicht verziehen, er würde ihm nicht den tiefen Schmerz bereitet haben, welcher ihm den Tod erfreulicher erscheinen ließ. Aber es war derselbe Widerstand, welcher sich auch allen seinen Bemühungen, die Kirche der Reformation vor zunehmender Zersplitterung und Verderbniß zu behüten, am gefährlichsten entgegensetzte, welchen er also gar nicht umhin konnte, als eine Vereitelung der göttlichen Sache, welcher er sein Leben gewidmet hatte, als eine antichristliche Hemmung des Kommens des göttlichen Reiches und des Geschehens des göttlichen Willens, als einen den Feinden der Sache Gottes geleisteten Vorschub und als ein

Verdorbenwerden der evangelischen Christen durch Gewöhnung an leichtes Ertragen gegenseitigen Hasses zu betrachten. Und gerade in Melanchthon's letzten Lebensjahren mehrte sich der Erfolg dieses Widerstandes und in Folge davon der Unfriede unter den Evangelischen und darum der Anschein allmähliger Selbstzersplitterung ihrer Kirche wie niemals vorher. Der Religionsfriede vom Jahr 1555 war ja freilich ein ersehntes und endlich erreichtes Ziel; aber große Gefahren brachte er doch auch mit sich und machte sie permanent, sofern er ein Hauptziel der ganzen reformatorischen Bewegung, Gewissens- und Bekenntnißfreiheit, bloß den Regenten, den Ständen des Reichs, aber durchaus nicht ihren Unterthanen vindicirte und garantirte [3]). Waren auch die Fürsten stets mehr auf die Erhaltung des Kirchenfriedens bedacht als die Theologen, viele ungleiche Häupter waren es nun doch, welchen damit das evangelische Kirchenregiment in Deutschland reichsverfaßungsmäßig übergeben wurde, und wenn sie sich bei Verwaltung desselben auch der theologischen Berathung nicht entziehen konnten, mußte die Zersplitterung immer größer werden, wenn diese Berathung stets verschieden ausfiel. Es begann aber damit auch ein viel lebhafteres Werben der Theologen um die Unterstützung der Fürsten bei Entscheidungen, wie die Theologen sie wünschten, und dabei bisweilen ein Anschlagen von Motiven, für welche bei den Fürsten eine besondere Empfänglichkeit erwartet werden konnte. Da wurde denn leicht weniger nach theologischer Begründung der zu unterstützenden Lehre, und leicht öfter nach präsumtiver Nützlichkeit derselben, wenn sie allgemeine Anerkennung fände, gefragt; da war denn auch schon die bequemer regierbare Festigkeit und Unveränderlichkeit der Lehre etwas werth, und wer nicht aus eigenen Mitteln sich über Melanchthon erheben konnte, vermochte es vielleicht durch Erhebung der festen und unveränderlichen Autorität Luthers, welcher todt war, über den stets noch lernenden und Vermittelung und Versöhnung suchenden also „schwankenden" Melanchthon. Nun war zwar Luther sich nicht immer gleich geblieben; es hatte einen Luther gegeben, der die schweizerischen Reformatoren wegen ihres Dissenses in der Abendmahlslehre überhaupt als die entsetzlichsten

Irrlehrer dargestellt und noch über Zwinglis Tod als über eine göttliche Strafe für Gotteslästerung triumphirt hatte, und **einen Luther**, welcher Melanchthon's begütigende Reden gern gehört, sich auf die Wittenberger Concordie eingelassen, der Aenderung der Augsburgischen Confession nicht widersprochen und noch zuletzt eine Vermittelung des Abendmahlsstreits empfohlen hatte. Nun sollte aber bloß wer dem ersten Luther anhing ein ächter Lutheraner, und wer dem andern, ein Calvinist sein; wer gar beide, Luther und Calvin verehrte, wie Melanchthon that, mußte entweder ganz charakterlos oder wenigstens Luther treulos sein; die Wahl war wieder, wie auch zu andern Zeiten: soll man Frieden stiften **trotz** der Lehrverschiedenheit, oder muß man Unfrieden stiften **wegen** der Lehrverschiedenheit, und da wählten denn die meisten nicht wie Antigone und Melanchthon, sondern, auch wie zu andern Zeiten, das Hegen und Pflegen des Hasses.

Bei dem Zunehmen dieser Stimmung war von keiner Maßregel zum Frieden mehr Erfolg zu hoffen. Als man 1557 zwei Jahre nach dem Religionsfrieden noch durch das Religionsgespräch zu Worms zum letzten Male versuchen wollte, ob deutsche Christen sich nicht noch versöhnen könnten, da ging Melanchthon schon ohne Hoffnung dahin ab; „Ulysses, schrieb er damals an seinen Freund [4]), hat die Scylla und Charybdis nicht so gefürchtet, als ich die leidige Sophistik und die Wuth der Heuchler; ich möchte viel lieber zu Hause mit meinen Enkelinnen beten, als anderswo Räthsel der Sphinx anhören". Und es ging dort auch noch schlimmer als er erwarten konnte. Die streng lutherischen Theologen der sächsischen Herzoge verlangten von den übrigen dort versammelten Lutheranern, ehe sie mit ihnen zusammen handeln könnten, zuerst, daß sie mit ihnen auch die Verdammung einer Reihe von Lehren aussprechen müßten, worunter auch melanchthonische waren, und als die Mehrzahl dies mit Recht verweigerte, reichten sie das Verzeichniß dieser von ihnen verworfenen Lehren dem katholischen Präses der Versammlung ein und reisten dann ab von Worms, so daß nun die katholischen Collocutoren die Schadenfreude hatten erklären zu können, da die Lutheraner selbst nicht einig seien über die Lehre, könne man auch nicht mit ihnen darüber unterhandeln, weil man nicht wisse, mit wem unter ihnen man darüber unterhandeln müsse. Diese Spaltung nahm auch noch immer zu, und mit ihr die Leiden Melanchthon's. Noch in Worms traf ihn der Tod seiner Frau, der in seiner Abwesenheit erfolgt war, und welchen ihm zu entdecken (es geschah in den schönen Laubgängen des Heidelberger Schlosses) ⁵) der Freund Camerarius ihm nachgereist war: „leb wohl, sagte Melanchthon, ich folge dir bald nach". Zuletzt waren alle mit ihm unzufrieden; Calvin und Bullinger warfen ihm vor, daß man zu Worms sich ausdrücklich von Zwingli losgesagt und dessen Lehre gegen die Katholiken für verwerflich erklärt habe; andrerseits schalten ihn Amsdorf und Flacius, daß er auf die guten Werke dringe, und Amsdorf vertheidigte in einer eigenen Schrift die Schädlichkeit derselben; „wie wird sich die Nachwelt wundern, schrieb Melanchthon, daß es ein so rasendes Jahrhundert gegeben hat, wo solch ein Unsinn Beifall finden konnte" ⁶). In Jena wurde ein Confutationsbuch bearbeitet, durch dessen Unterschrift Alle neun Häresien, darunter Melanchthon's Lehre von den Werken und vom freien Willen, verdammen sollten, und Theologen, welche dies verweigerten, wurden sogleich in Gotha auf die Festung geschafft; in Heidelberg fiel ein alter Schüler Melanchthon's, der ihn dorthin empfohlen hatte, Heßhuß, wegen der Abendmahlslehre von Melanchthon ab und schmähte ihn nach seiner Vertreibung in Schriften; vergebens vermittelten die Fürsten, Herzog Christoph, Landgraf Philipp; vergebens verwandte sich Melanchthon für die englischen und niederländischen Flüchtlinge, welche die Lutheraner als andersgläubige Sacramentirer in ihrer Noth verstießen, bat dazwischen auch um seine Entlassung aus Wittenberg; selbst einer seiner ältesten Freunde, Joh. Brenz, sagte sich von ihm los, und setzte es in seinem würtembergischen Vaterlande durch, daß hier die Lehre, welche Melanchthon und die Reformirten am entschiedensten von der Kirchengemeinschaft ausstieß, die Lehre von der Allgegenwart auch des Leibes Christi wegen seiner Theilnahme an der göttlichen Natur, zum Bekenntniß erhoben, also allen ihr nicht beistimmenden die Kirchengemein=

schaft aufgekündigt wurde. Diese vermehrte Zerrissenheit der evangelischen Kirche, der homerische Krieg über seinem Grabe wie er selbst sagte⁷), war der Zustand derselben im Todesjahr Melanchthons; sein ganzes Leben mußte ihm diesem Erfolg desselben gegenüber wie verloren scheinen, und dieser Erfolg war doch sichtlich allein die Frucht dessen, was Melanchthon die Wuth der Theologen nannte, die Errungenschaft der leidenschaftlichen Rechthaberei, welche ohne Geduld für erträgliche Dissense anderer in Nebenfragen die eigenen speciellsten Lehrbestimmungen als unverbrüchliches Gottes= wort anerkannt sehen wollte, und wenn diese Anerkennung ver= weigert ward, gleichgültig bei dem Erfolge immer weiterer Zer= splitterung der Kirche Verdammung und Aufhebung der Gemeinschaft über die Verweigernden ergehen ließ. „Ich bin schwach und krank", sagte Melanchthon wenig Tage vor seinem Tode, „doch alle meine Krankheit thut mir nicht so weh, als der große Jammer und das Elend der heiligen christlichen Kirche, welches aus un= nöthiger Trennung, Bosheit und Muthwillen derer entsteht, die sich aus unmenschlichem Neid und Haß wider uns ohne eine billige Ursache abgesondert haben; aber die unsinnigen Menschen können nicht ruhen und müssen noch Ursach geben daß des Elends und Jammers nur mehr wird"⁸).

In diesem Elend, welches auch ihn so reichlich mittraf, war ihm seit Jahren die beste Zuflucht und Erleichterung in seiner Familie bereitet, und darin am meisten durch das Mitglied der= selben, welches, obgleich kein Theolog (doch das wollte der an= spruchlose Magister Philippus beinahe auch selbst nicht sein), in mehr als einem Sinne sein Nachfolger werden sollte. Caspar Peucer war im Jahre 1525 zu Bautzen geboren, und zeichnete sich auf der Schule zu Goldberg in Schlesien so sehr aus, daß der mit Melanchthon befreundete Rector derselben ihn 15 Jahr alt zur Universität nach Wittenberg schickte und so bringend an Melanchthon empfahl, daß dieser ihn sogleich in sein Haus und an seinen Tisch aufnahm. Zwanzig Jahre, von 1540 bis 1560, lebte er so mit Melanchthon zusammen, hörte noch drei Jahre lang Luther mit großer Verehrung, eignete sich aber noch inniger und hingebungsvoller unter Melanchthon's Leitung die vielseitigste humanistische, theologische, historische, philosophische, aber auch große mathematische und medicinische Bildung an; er wurde 1545 Magister und Lehrer in der philosophischen Facultät, 1554 ordentlicher Professor der Mathematik und 1560 Doctor und Professor der Medicin, blieb aber immer im kleinen Hause Melanchthons, denn nach 10jährigem Aufenthalt darin verheirathete er sich 1550 mit Melanchthon's jüngster damals 19jähriger Tochter Magdalena, baute sich, als die Räume zu eng wurden, ein Hintergebäude an das Haus des Schwiegervaters, welcher auch schon die Kinder seiner früh verstorbenen älteren Tochter Anna sich von ihrem Vater Sabinus aus Königsberg hatte schicken lassen; diese und Peucers Kinder waren die Mädchen, welche Melanchthon lieber beten lehren als in Worms mit den Theologen über unlösbare Räthsel streiten wollte. Das war wohl kein so heiteres Leben mehr wie damals, wo Luther noch gelebt hatte, und wo für Augenblicke des Aufathmens z. B. Jahre lang in Luthers Kloster oder Melanchthon's Hause Komödien des Terenz oder des Plautus vor großem Publicum von Schülern Melanchthon's aufgeführt waren, und Melanchthon selbst neue lateinische Prologe mit Apologien dieser von einigen zu frivol befundenen Unterhaltungen zu den terenzischen Lustspielen gedichtet und vielleicht selbst vorgetragen hatte, während Luther nach vorliegenden Aeußerungen desselben sorgen ließ, daß zuletzt alles mit Speise und Trank erquickt wurde *). Aber gerade weil die Zeit ernster und die Arbeit schwerer und Melanchthon allein aufgeladen und der Verdruß dabei viel größer geworden war, war es ein solcher Segen für ihn, daß er nun in Peucer (er rühmt es noch selbst oft) einen so treuen Theilnehmer und Erleichterer aller seiner Sorgen, den vertrautesten Schüler und Freund, den besten Arzt, den Begleiter auf Reisen, wie noch zuletzt nach Worms, den erfahrenen Berichterstatter über die Weltbegebenheiten nah und fern, den Verwalter seines kleinen Einkommens und aller Geschäfte, für welche er selbst gar nicht paßte, auch zum Hausgenossen und Sohn erhielt. Mit den heiteren Klagen, welche Peucer in letzterer Hinsicht über Melanchthon aussprach „ich wollte daß ihm niemand

Geld schenkte, denn es hilft weder ihm noch seinen Kindern; sobald seine Besoldung kommt giebt er alles weg bis kein Heller mehr davon übrig ist, so daß ich dann für die Haushaltung sorgen muß" [10]), vertrug sich bei ihm die enthusiastische, liebevollste Bewunderung des großen Mannes neben ihm, der für seine Anspruchlosigkeit und Bereitwilligkeit allen zu dienen, weil er niemand tyrannisiren konnte, dafür von allen hart behandelt wurde; und diese Liebe und daß er sie täglich erfahren, hier sich ausschütten und wie er oft that ausweinen konnte, war dann für den alternden und doch noch so jugendlich liebebedürftigen Melanchthon der beste Trost. So wurde Peucer aber auch am genauesten mit allen Gedanken und Sorgen, allen Erfahrungen und Bestrebungen Melanchthons in einer Zeit bekannt, wo dieser nicht aus Feigheit, sondern aus Scheu selbst dadurch Zwiespalt zu erregen und dadurch der Kirche selbst noch zu schaden, sich schon bisweilen verschloß, und namentlich seinen Dissens von Luther, um den Gegnern keinerlei Blößen zu geben und nicht selbst noch eine Spaltung mehr herbeizuführen, möglichst selten und wenig hervorkehrte, wenn auch niemals ableugnete. Und so war es nun auch natürlich, daß als die Wuth endlich ihr Ziel erreicht hatte, als am 19. April 1560 Melanchthon gestorben war und nun plötzlich mehr als seit einem halben Jahrhundert die Universität verwaist erschien, sich besonders um ihretwillen aller Blicke auf Peucer als auf den Mann richteten, der am befähigtsten sein werde, sie ganz im Sinne Melanchthons zu berathen und zu leiten.

Wir müssen hier einen Augenblick der Verhältnisse, der Führung und der Führer gedenken, unter welchen sie sonst stand und ganz Kursachsen dazu. Das Land war erst vor kurzem dem Fürsten, welcher das meiste für die Reformation Luthers gethan und gelitten hatte, dem Kurfürsten Johann Friedrich dem Großmüthigen und seinen Söhnen durch den geschicktesten aber perfidesten Wechsel in der Politik abgewonnen und für die Söhne Herzog Heinrichs, die Brüder Moritz und August, welche Karl V. damit belehnt hatte, gewonnen. Nach Moritz' frühem Tode und nach dem Religions=

Frieden zwei Jahre darauf war jetzt auf August mit der Nachfolge auch die Aufgabe übergegangen, sich als den ersten lutherischen Fürsten zu erweisen, ohne dem Fürsten und seinen Söhnen das Kurland wieder abzutreten, welche dieses für ihren Eifer für die Sache Luthers verloren hatten. Dabei konnten dann freilich die Sympathien der meisten noch durch die Reformation Erregten, besonders derer, welche noch das Schicksal des Kurfürsten Johann Friedrich beklagten, doch auch sonst aller der vielen, welche zur Erhaltung ihres Eifers stets activer und passiver Verfolgung bedurften, nicht für diese neue kursächsische Regierung sein, und die Söhne Johann Friedrichs waren nur allzusehr versucht, dies gegen sie zur Wiedererwerbung ihres Erbes zu benutzen, was doch nach den ihnen aufgenöthigten Verträgen nur auf dem Wege der Revolution gehofft werden konnte; auf ihrer eigens zur Vernichtung Wittenbergs gegründeten Universität Jena fand jeder Aufnahme und Pflege, welcher nur heftig genug gegen alles was in Kirche und Staat von Wittenberg und von ganz Kurchsachsen kam, polemisiren und agitiren wollte. Aber eben dadurch war dem Kurfürsten August so lange dies dauerte, so lange ihm Söhne des verdrängten Kurfürsten gegenüber standen, also in den ersten 20 Jahren seiner 33jährigen Regierungszeit desto unausweichlicher eine dieser Unfriedensstiftung widerstrebende, alle Leidenschaft der Streiter nicht als Heroismus bewundernde, sondern als Friedensstörung und Volksverführung unterdrückende, die Spaltung nicht vertiefende, sondern vermittelnde Unions-Politik im Inlande wie den übrigen deutschen Ländern gegenüber angewiesen. Und eben hierin war auch noch Melanchthon, wenn auch er aus andern als politischen Gründen, während der ersten 7 Regierungsjahre Kurfürst August's noch so gern mit ihm zusammengegangen, daß der Haß gegen Melanchthon nun auch durch das politische Interesse derer vermehrt wurde, welche den Söhnen Johann Friedrichs lieber als Moritz und August die Kurlande gönnten, und darum eine heilsame mit der Usurpation versöhnende Regierung dieser nicht gern sahen. Es fehlte zwar schon seit den ersten Regierungsjahren Kurfürst Augusts auch in seinem eigenen Lande selbst nicht an zwei Parteien, welche sich um den höchsten Einfluß über ihn stritten, zwei Parteien fast so verschieden, wie die Hauptsitze beider, Dresden und Wittenberg, nämlich dort der Hof, die Kurfürstin, die Hofprediger, die Damen, die Junker, die Schreiber und alle andern albertinisch=sächsischen Hofleute, welche auch neben dem, was von dem erst neu hinzugekommenen Wittenberg kam, auch ohne viel akademische Bildung Geltung suchten [11]), und andrerseits diese Universität noch mit den Collegen und Schülern der Reformatoren aus ganz Deutschland, mit der erhaltenen Tradition von diesen her, Rechtsgelehrte, Theologen, Philosophen, Polyhistoren wie Peucer, gewohnt auf den Reichstagen und sonst größere Angelegenheiten als bloß die Kursachsens, wie viel mehr auch diese, am sachkundigsten und darum am liebsten ohne Einmischung der Dresdener Camarilla zu berathen. Aber in der längsten Zeit seiner Regierung räumte der Kurfürst August dieser wittenberger Partei und den Rathgebern, welche er aus ihr wählte, oft zum Schmerz der andern den größten Einfluß ein. Professor der Rechte zu Wittenberg war Ulrich Mordeisen gewesen, welcher während seiner ersten zwölf Regierungsjahre, also bei Melanchthon's Lebzeiten, der viel mit ihm correspondirte, Kurfürst Augusts Geheimer=Rath war. Schon neben diesem seit 1557 und dann nach seinem Sturz im Jahre 1565 noch Jahre lang an seiner Stelle wirkte als einflußreichster Minister und Gesandter des Kurfürsten Georg Krakow [12]), ebenfalls schon Lehrer zuerst der alten Literatur und dann der Rechte und Rector der Universität zu Melanchthon's Zeit, aber auch wie er kein Sachse, ein Pommer wie sein Schwiegervater Bugenhagen; er war schon mit Melanchthon der thätigste sächsische Geschäftsträger gewesen bei allen Unionsverhandlungen zu Worms, zu Frankfurt, zu Naumburg, welche dann nur alle durch die sächsischen Herzoge halb oder völlig vereitelt waren, ebenso bei der Unterwerfung des ältesten unter diesen, Johann Friedrichs, wo Kurfürst August von dessen lebenslänglicher fast 30jähriger Gefangenschaft und von Folter und Hinrichtung seiner Räthe und Grumbachs nichts nachließ [13]); er war auch der Hauptbearbeiter der Constitutionen Augusts, welche zu Gunsten des römischen Rechts und der Doctoren desselben die Rechte der

Städte und ihrer nicht gradnirten Rathsmitglieder beschränkten und ihm dadurch viel Haß zuzogen; er nahm sich der Universität Wittenberg in einer Weise an, daß Peucer sagt, nächst Gott und und dem Kurfürsten verdanke sie Krakow am meisten; aber daher war denn Krakow auch in dem Kreise der Kurfürstin Anna, deren Einfluß er fern hielt, als Ahitophel ihres Gemahls bezeichnet und verhaßt, und trotz aller von ihm geleisteten Dienste hatten hier solche, welche seine Stelle sich wünschten, noch gute Aussichten. Schon durch Mordeisen kam nun auch Peucer, welcher mit Krakow auch in gleichem Alter und noch enger befreundet war, in ein näheres Verhältniß zum Kurfürsten. Als Peucer nach Melanchthons Tode von der Universität zum Rector gewählt war, erregte seine Verwaltung derselben, die Herstellung der Disciplin, welche ihm Ausbrüche des Misfallens der Studirenden zuzog, verdiente Beachtung; bald nachher machte der Kurfürst eine große Stiftung für die Stipendiaten in Wittenberg, und faßte bei der Einrichtung derselben, welche er Peucer übertrug, ein solches Vertrauen zu ihm, daß er, wie Peucer sich selbst darüber ausdrückt, „ihm befahl, wenn künftig der Universität halber etwas zu suchen wäre, sollte ich es bei Sr. Kurfürstlichen Gnaden selbst suchen, „daß ich mich", fährt er fort, „zum unterthänigsten gegen Se. Kurfürstliche Gnaden bedankt, und habe demselben Befehl hernach gefolgt, doch allezeit dermaßen, daß ich für Seine Kurfürstliche Gnaden und an derselben Tafel nie kommen bin"; aber, sagt er auch, „nie habe ich mich ohne sonderlich wiederholte Erforderung und Beruf eingestellet", welche aber seitdem oft erfolgt sei, „und unangesehen, daß fast so oft ich gen Hof kommen, mir von Ihrer Kurfürstlichen Gnaden befohlen worden, alle Mahlzeiten bei Ihrer Kurfürstlichen Gnaden zu halten, habe ich mich auch meines Außenbleibens, und daß man mich allewege hat sonderlich fordern und berufen müssen, gegen meinen gnädigsten Kurfürsten etlich Mal unterthänigst entschuldigt und Ursache fürgewandt, damit Ihre Kurfürstliche Gnaden zufrieden gewesen".¹⁴). Schon dies Verhältniß, wie ängstlich und sparsam er es auch benutzte, machte ihn fast zum Regenten der Universität, und so wenig überhob er sich in Wittenberg selbst, so rücksichtsvoll fragte er überall die berechtigten Collegen, daß er hier allgemein verehrt wurde, auch wegen des unter ihm immer zunehmenden Flors der Universität: gegen 700 durchschnittlich wurden zu seiner Zeit alljährlich immatriculirt [15]). Polyhistor, wie er war, wurde er auch noch außerdem mit der höchsten Inspection der kursächsischen Gelehrtenschulen, Pforte u. a. beauftragt, und so wurde er auch immer mehr zu dem Leben am Hofe herangezogen, wie sehr er sich auch davor scheute, denn, sagt er, „wenn einen schon die Herren wohl leiden können, so können ihn doch die Diener nicht leiden, und findet einer die, der andere eine andere Ursach, sollte sie auch vom Zaun gebrochen werden, ihn zu beschweren, zu verkleinern, zu vernichten anzugeben; das geschieht so lange, bis man ihn fället; ist er gefället und liegt darnieder, so geht jedermann mit Füßen über ihn her, und muß er gethan haben, was er sein Lebelang nicht gedacht hat" [16]); aber er konnte es nicht vermeiden, daß er nun auch zum Leibarzt des Kurfürsten ernannt wurde, was ihn, obwohl er auch als solcher Professor der Medicin in Wittenberg bleiben sollte, doch öfter als ihm lieb war nach Dresden zog. Ja der Kurfürst zeichnete ihn so sehr aus, daß er ihn in Wittenberg in seinem Hause besuchte, einst auch mit der Kurfürstin und seinem Gefolge bei ihm aß, „bei dem Erzcalvinisten", wie er scherzend sagte [17]), und daß er den Erzcalvinisten sogar einst bei der Geburt seines Prinzen Adolf die Pathenstelle einnehmen ließ, Ehrenbezeugungen, welche dann gerade in einem Lande wie Sachsen und besonders am Hofe zu Dresden den Neid und Haß immer heftiger gegen ihn reizten, welchen er hier mit Recht gefürchtet hatte [18]).

In einer Stellung wie diese, nach einer Bildung wie die seinige unter Luthers und Melanchthons Leitung geworden war, dazu in einer Zeit wie diese, konnte Peucer nun auch den theologischen Verhandlungen nicht fremd bleiben, von welchen noch gerade in der nächsten Zeit nach Melanchthons Tode Sein oder Nichtsein, oder doch erhaltene Union oder wieder gelungene Zerrissenheit der evangelischen Kirche abhängen sollten. Auch hier zwar war er noch ängstlicher und noch geneigter sich fern zu halten, als dem

Hofleben gegenüber; immer wieder spricht er in seinen erst kürzlich wieder bekannt gewordenen Briefen an seinen Freund den Arzt Crato in Breslau den Vorsatz aus, sich von der Wuth und Barbarei des theologischen Gezänks fern in seine medicinische Praxis und in seine historischen Studien zurückzuziehen [10]. Aber schon der Universität gegenüber hatte er doch hier auch unabweisliche Pflichten. Es galt den Frieden und die Freiheit zu erhalten, welche hier in den sieben ersten Jahren Kurfürst August's, wo Melanchthon noch gelebt hatte, und schon weithin vorher, bestehende Ordnung und Rechtszustand geworden war. Wie sehr auch die Flacius und die Amsdorfe und ähnliche draußen darüber schelten mochten, in Kursachsen galt noch keinerlei Lehrnorm neben der heiligen Schrift, als welche in Schriften Melanchthons niedergelegt war, und die vornehmste davon, die Augsburgische Confession schloß nach ihrer durch die wittenberger Concordie nöthig gemachten erweiterten Faßung vom Jahre 1540 die Anhänger Calvins wenigstens in der Abendmahlslehre nicht mehr aus, da sie in dieser bloß das ihnen und allen Lutheranern Gemeinsame auszudrücken sich beschränkte, und da auch beim Religionsfrieden der Antrag abgelehnt war, das Jahr 1530 bei den für die Augsburgischen Confessionsverwandten gemachten Zugeständnissen zu nennen, so daß diese auch für alle galten, welche diese seit 1540 gewöhnliche Ausgabe, die von Luther gebilligte und von Calvin unterschriebene sogenannte Variata, annehmen mochten [20]. Daneben waren bloß noch andere Schriften Melanchthons in Gebrauch und Ansehn, welche hieran auch nichts änderten, wie die Apologie der Augsburgischen Confession, die Repetition derselben in der sogenannten sächsischen Confession, die loci theologici, das Examen der Ordinanden und die Schrift gegen die Baierischen Jesuiten, auf welche Melanchthon in seinem Testamente als auf sein letztes Glaubensbekenntniß verwiesen hatte; auch friedliche und versöhnende Erklärungen, wie der Frankfurter Receß und die Erklärung des Naumburger Fürstentages, da Kurfürst August daran Theil genommen und sie vornehmlich mitbewirkt hatte, waren noch nicht aufgegeben. Dagegen Luthers schmalkaldische Artikel, in welche er einst erst auf Amsdorfs

Betrieb für die Anhänger der calvinischen Abendmahlslehre nicht mehr annehmbare Ausdrücke aufgenommen hatte [21]), oder andere Schriften Luthers hatten in Kursachsen noch keine öffentliche Geltung; aber die genannten melanchthonischen Schriften enthielten doch auch keine Polemik gegen Luthers nicht mit ausgedrückte speciellere Unterscheidungsmeinungen, und bewirkten nur durch Nichtaufnahme dieser, daß man durch sie wenigstens in der Abendmahlslehre weder von Luther noch von Calvin getrennt wurde, sondern daß sie recht der Bestimmung eines Bekenntnisses gemäß durch Ausdrücken bloß des Gemeinsamen beider zu einem Band für beide werden konnten. Als ein solches wurden sie denn auch jetzt erst und zwar, wie man sagte, auf Peucers Betrieb noch mehr befestigt; erst 1564 willigte Kurfürst August ein, daß alle vorher genannten Schriften Melanchthons mit einer Vorrede, welche Melanchthon selbst noch zu diesem Zwecke bearbeitet hatte, als Corpus doctrinae, als officielle Sammlung der öffentlich anerkannten Lehr- und Bekenntnißschriften in Kursachsen anerkannt und eingeführt wurden, eine Maßregel, welche zwar durch ihre Neuheit auch bei Freunden Melanchthons Bedenken erregte, welche aber durch das Maßvolle der melanchthonischen Schriften, durch ihr Unbestimmtlassen mancher unentscheidbaren Fragen für ungleiche Auffaßung derselben Raum ließ und dadurch nur für den drückend wurde, welcher gerade das Unterscheidende und Spaltung erregende dem Zweck der Einigung zuwider mit ausgedrückt und vorgeschrieben verlangte. Waren nun diese Schritte, durch welche nur das bisherige Verfahren zum Abschluß gebracht und die Einheit einer evangelischen Kirche in bisheriger Weise möglich erhalten wurde, ein Uebertritt zum Calvinismus, so hatte der Kurfürst selbst diesen gutgeheißen und zum Rechtszustand machen helfen; aber nur die Leidenschaft und die Verleumdung konnte es so nennen; die hier recipirten Schriften Melanchthons enthielten entschiedenere Verwerfungen der calvinistischen Prädestinationslehre, welche er stoischen Fatalismus nannte, als selbst die Werke Luthers, dessen Schriften für die Unfreiheit des Willens gegen Erasmus die Vorgänger und Lehrer Calvins gewesen waren, und wenn die Ausdrücke in der Abendmahlslehre mit der Calvins vereinbar gemacht waren, so stritten sie doch auch gegen die Luthers nicht, und konnten darum mit gleichem Rechte calvinisch oder lutherisch oder melanchthonisch heißen, weil sie bloß das Gemeinsame aller ausdrückten. Wenn bloß ausgesprochen war, daß in der Feier des Abendmahls Christus gegenwärtig sei, und von den Gläubigen empfangen werde, so war dies der Lehre keiner der drei Reformatoren zuwider, sondern ihr gemeinsames Bekenntniß, und hiemit vereinbar waren, womit erst ihr Dissens begann, ihre ungleichen Versuche die Art der Gegenwart Christi in der Feier näher zu bestimmen. Auch Peucer selbst, ganz Melanchthonianer, war durchaus kein Anhänger Calvins überhaupt; in den wieder aufgefundenen Briefen an Crato in Breslau [22]) wehrt er sich heftig gegen diesen, welcher ihm die Prädestinations= lehre von Calvin und Ursinus dem Bearbeiter des Heidelberger Katechismus einreden will, und warnt ihn bringend, daß er sich sein Gewissen nicht Ursinis unguibus möge zerreißen lassen; die Erklärung der Art der Gegenwart Christi im Abendmahl, nach welcher der in der Feier gegenwärtige Christus darin zu eng an Brot und Wein angeknüpft gedacht wird, so wie die, welche aus der Theilnahme seiner menschlichen Natur an seiner göttlichen, also auch an der Allgegenwart, von den strengen Lutheranern ab= geleitet wurde, hielt Peucer freilich mit Melanchthon und Calvin für unerweislich aus der Schrift und auch sonst für verwirrend und profanirend; aber solche Erklärungen wollte er eben den Ein= zelnen freigegeben und nicht zum Bekenntniß erhoben und dadurch die Vereinigung in gemeinsam anerkannten Hauptsachen des Be= kenntnisses erhalten sehen. Bloß in dieser Weise verwandte Peucer auch seinen Einfluß auf die Universität und als Aufseher der Schulen, obgleich er gerade hier, wo Theologisches mit in Betracht kam, sich nach Kräften fern hielt; doch mag es nicht ohne ihn geschehen sein, daß ein Professor Windsheim, welcher mit der Frage über das Verhältniß der Naturen in Christo Streit erregte, zum Stillschweigen angehalten und auf die Professur der griechischen Sprache reducirt wurde; ebenso daß die theologische Facultät bei Vacanzen mit lauter Schülern und Anhängern Melanchthons,

Pezel, Cruciger, Wiedebram, Moller ergänzt wurde, auch daß zwei Studenten fortgeschickt wurden, welche die Theologen und Peucer für Sacramentirer ausgeschrieen und mit aufgeschriebenen Aeußerungen aus ihren Vorlesungen gegen sie agitirt hatten [23]), denn das war ja alles nur Consequenz des autorisirten Systems, ebenso wie wenn in demselben Sinne ein lateinischer Katechismus ausgearbeitet wurde zum Gebrauch für die oberen Schulklassen, für welche Melanchthons Lehrbuch noch zu hoch war, aber Luthers Katechismus nicht mehr ausreichend schien. Zeigte sich doch auch der Kurfürst mit dem allen einverstanden, mittelbar auch durch die Schritte, welche er wiederholt für bedrängte französische und niederländische Protestanten als für Glaubensgenossen thun ließ, am häufigsten durch einen aus ihrer Mitte gewählten Geschäftsträger Languet [24]), ebenso wie durch seinen fortwährenden Widerstand gegen die Herzoge von Sachsen und ihre hyperlutherisch flacianischen Theologen; noch 1569 ließ er die Theologen seines Landes auf's Neue auf das melanchthonische Corpus doctrinae verpflichten und zugleich erklären, daß sie die flacianischen Vorwürfe dagegen als „falsche Auflagen" anerkennten [25]); noch 1570 verheirathete er seine Tochter mit dem thätigsten Verfechter des Calvinismus unter allen deutschen Fürsten, dem Pfalzgrafen Johann Casimir; noch 1573, nach dem Tode des letzten Sohnes Kurfürst Johann Friedrichs, als August Vormund seiner Kinder und Verwalter seines thüringischen Landes wurde, ließ er in diesem, wo man inzwischen ein neues Corpus Doctrinä mit Luthers Artikeln und Katechismen und mit flacianischen Verwerfungen melanchthonischer Lehren dem Corpus Philippicum entgegengesetzt hatte, alle diejenigen Geistlichen absetzen, welche sich nicht mit seiner Landeskirche conformiren, nicht ihre Anschließung an sein melanchthonisches Corpus Doctrinä und ihre Lossagung von den Flacianern erklären wollten, vor andern die Häupter der strengsten lutherischen Rechtgläubigkeit, Heßhuß und Wigand.

Doch während dieser ganzen 20 Jahre von 1553 bis 1573, wo Kurfürst August mit seinen geistlichen und weltlichen Rathgebern von Wittenberg dieses System, diesen Widerstand gegen die lutherischen Eiferer anderer deutscher Länder, diese melanchthonische Vereinbarkeit der geltenden Bekenntnisse wenn auch nicht mit Calvin überhaupt, doch mit dessen Abendmahlslehre, festhielt und durchsetzte, waren nun auch fortwährend Versuche gemacht ihn davon abzubringen. So von andern deutschen Ländern her nicht nur durch die Wolken von Streitschriften der Theologen, welche seit Jahren von nichts als Abfall vom Lutherthum wußten, sondern auch durch die der Herstellung des Friedens geneigten Fürsten, Herzog Christoph von Würtemberg, Herzog Julius von Braunschweig u. a., welche den Frieden aber nur durch Vorschreiben auch der specielleren Unterscheidungslehren Luthers für Alle und durch Geltendmachen derselben gegen das bei Calvin gefürchtete Zuweitgehen, also um den Preis der Aufgebung einer evangelischen Union möglich fanden. Waren doch die Fürsten jederzeit geneigter und geeigneter für die Friedenstiftung als diejenigen, welche die Pflicht haben es mit den Lehrunterschieden nicht leicht zu nehmen, die Theologen; aber so galt es eben für jene, den Frieden gegen diese trotz ihrer Dissense zusammenzuhalten, wie damals am eifrigsten die hessischen Landgrafen thaten; aber nicht wieder nachdem Zwiespalt der Schule auch die Kirche zersplittern zu helfen und dazu die Macht herzugeben. Dennoch schien dies so oft auch den Fürsten Pflicht, als sie sich hatten überzeugen lassen, daß auch eine speciellere Lehrbestimmung so wichtig und unveräußerlich sei, daß man mit niemand, der sie nicht anerkenne, Kirchengemeinschaft halten, wenigstens keinen andern im Kirchendienst und im Lehramt dulden dürfe. Was nun viele der heftigsten Streiter damals nicht so allgemein erreicht hatten, diese fundamentale Bedeutung aller der specielleren Lehren, wobei sie sich mit mehr und weniger Grund auf Luther beriefen, bei den Fürsten zur Anerkennung zu bringen, das schien eine Zeit hindurch dem tübinger Kanzler Jakob Andreä am besten zu gelingen, und doch fühlte gerade er sich auch besonders berufen, allen Zwiespalt der Streitenden vermitteln zu können, was ihm freilich zuletzt nicht anders ausführbar schien, als wenn sie ihm alle beistimmten. Bei seinen ersten 1569 und 1570 für dies Friedensgeschäft auch nach Kursachsen unternommenen

Reifen hatte er wohl anfangs die Forderung solcher Beistimmung etwas ermäßigt und zurückgehalten; aber eine Besonderheit in seiner Abendmahlslehre, welche auch in seiner würtembergischen Heimath bereits als Bekenntniß, also auch als fundamental bedeutend anerkannt war, nämlich die Ableitung der leiblichen Gegenwart Christi im Abendmahl aus der Theilnahme seiner menschlichen Natur an der göttlichen Allgegenwart, hatten die Wittenberger, an welche er sich auch wandte, für unerweislich aus der Schrift und für Neuerung erklärt, und daher seinen auf die Bedingung der Anerkennung dieser Lehre in Aussicht gestellten Frieden abgelehnt, auch gegen seine voreilige Verkündigung derselben protestirt, und Andreä, welcher diesmal ohne Erfolg zurückreisen mußte, schrieb dies besonders dem Einflusse Peucers auf die Theologen zu, wie Peucer auch wirklich diese würtembergische Ubiquitäts=Lehre aus den bezeichneten Gründen entschieden verwarf [26]). Dafür hatte denn Andreä durch jene andere Partei Eingang und Einfluß gesucht, welche den Kurfürsten August ungern von Krakow, Peucer und den Wittenbergern berathen sah, und welche von diesen öfter mit dem Namen des Gynäceums am Hofe als Weiberherrschaft und insbesondere als Einfluß der Kurfürstin gefürchtet und beklagt wurde [27]). Die Kurfürstin Anna, oder wie sie gewöhnlich genannt wurde, die „Mutter Anna", eine Tochter König Christians III. von Dänemark, war voll Eifer, von dem was jenen für strengstes Lutherthum galt, nichts abzulassen, und bedurfte zur Belebung dieses weiblichen Eifers auch der Folie einer recht schwarzen Vorstellung von allem was nicht lutherisch war oder hieß, nach welcher sie dann leicht auch alles mitzubestimmen und mitzudenken geneigt war, was ihr aus andern Gründen zuwider war, auch wenn es nicht eben unlutherisch oder calvinisch war. An ihre Mutter, zugleich an andere Höfe, richtete Andreä eine Vorstellung, „Räuber, die wenige umgebracht, lasse man hinrichten; Peucer aber verderbe viele tausend Seelen; wie mit einem Zauber vergifte er die Seele des Kurfürsten, wie ein Hund liege er vor dem Cabinet des Kurfürsten und lasse keinen ein, der eine andere Lehre habe" [28]). Peucer hatte darauf um seinen Abschied gebeten, aber Kurfürst und Kurfürstin hatten ihn zufrieden gesprochen, er möge sich auf sie verlassen und bleiben. Auch ein anderes war noch beigelegt; Peucer hatte ein Exemplar des neuen Katechismus vor Einführung desselben nach Schulpforte geschickt und empfohlen, und ein Jahr nachher deshalb vom Kurfürsten zur Rede gestellt dies geleugnet; er versicherte nachher eidlich, sich dieses besondern Falles nicht mehr erinnert zu haben[29]), und der Kurfürst war auch damals zufrieden gestellt, wenn er ihn auch hatte erinnern lassen, „er solle künftig seiner Arzenei warten und der theologischen Sachen müssig gehen"[30]).

Aber endlich erreichte die rabies doch auch hier ihr Ziel der Vernichtung ihrer Gegner, und des durch sie erhaltenen Restes von evangelischer Union dazu. Immer mehr Klagen über Hegen von Irrlehre gingen aus der Ferne ein, immer mehr Feinde Krakows und seiner Verwaltung um die Kurfürstin her hörten dies gern und trugen es weiter: Dr. Nauscher, Bürgermeister von Leipzig, welchen Krakow durch die Begünstigung des römischen Rechts und durch die Ausschließung der nicht promovirten verletzt hatte, Dr. Lorenz Lindemann, welcher selbst Krakows Ministerstelle wünschte und nachher auch erhielt, Dr. Joh. Jenisch, welchen Peucer als seinen Hauptgegner ansah, dazu ein neuer junger Hofprediger G. Listenius, welcher bald nicht die höheren Stellen, aber die Lehre seiner älteren Collegen gefährlich fand, und welchen Krakow dux et auctor nennt von allem was bald geschah. Zwei Reisen des Kurfürsten kamen noch dazu, eine nach Dänemark und eine nach Wien im Jahre 1573, und hier flößten ihm dort die Verwandten seiner Gemahlin, hier die katholische Umgebung des Kaisers Maximilian einen neuen Widerwillen ein gegen jede auch nur scheinbare Gemeinschaft mit Calvinisten. Nach dem Tode des letzten Sohnes Kurfürst Johann Friedrichs hatte er auch keine politische Veranlaßung mehr zur Abwendung von dem extremen flacianischen Lutherthum, wohl aber eine dringende Aufforderung, jetzt wo es auch erst möglich war, die ihm noch immer streitig gemachte Stellung als Haupt der lutherischen Stände Deutschlands einzunehmen, und dazu die Schwenkung und das Zugeständniß zu machen, welches die meisten von ihm forderten und ohne welches sie sich bisher mißtrauisch ferngehalten hatten, die Anerkennung engster lutherischer Kirchengemeinschaft mit ihnen durch eine ebenso eclatante Lossagung von jeder Gemeinschaft mit allem, was sie calvinistisch nannten. Eine anonyme lateinische Schrift, welche 1574 in Wittenberg erschienen und geheimnißvoll verbreitet für die Abendmahlslehre Calvins und für die Union mit seinen durch Märtyrerthum bewährten Anhängern (2 Jahre nach der Bartholomäus=nacht) sprach³¹), vollendete bei dem Kurfürsten, welchem sie irrig als ein Werk seiner dortigen Theologen und als ein Versuch zur Einschwärzung des Calvinismus in Kursachsen denunciirt ward, die äußerste Gereiztheit, aber mit ihr auch die Bereitwilligkeit zum Gebrauch jedes Mittels, welches ihm dienen konnte, um bei dem Systemwechsel, welchen er wohl schon ohnedies wollte, alle seine eigene Schuld auf fremde Schultern abzuwälzen und ihn selbst als stets sich gleich geblieben, nur in der Zeit, welche er jetzt desavouiren wollte, als verführte Unschuld erscheinen zu lassen. Wie kann man jemand zu einer andern Religion verführen, ohne sein Wissen und Willen? oder wenn der Unterschied bis zur Unbemerkbarkeit klein wäre, wäre ja wohl auch die Gefahr und die Schuld des Ueber= tritts selbst unmerklich klein. Dennoch ward jetzt Krakow und Peucer und den Wittenberger Theologen und den ihnen geneigten Hofpredigern Schütz und Stössel das Attentat aufgebürdet, daß sie in den vergangenen Jahren durch alles das, was hier an kirch= lichen Verfügungen des Kurfürsten auf Grund des eingeführten melanchthonischen Corpus Doctrinä geschehen war, weil die friedlich weit gefaßten Ausdrücke desselben und der späteren öffentlichen Erklärungen in der Abendmahlslehre eben so wohl mit der calvi= nischen wie mit der lutherischen vereinbar waren, den Kurfürsten seine Familie und das ganze sächsische Volk hinterlistig dem Cal= vinismus hätten zuführen und dadurch also um ihre Seligkeit betrügen wollen". „Dr. Peucer", schreibt der Kurfürst selbst, „mein Leibarzt, dem ich Leib, Weib und Kind vertraut, beide Pfaffen, die meine Beichtväter und Seelsorger gewesen, Dr. Krakow, mein geheimster Rath in allen weltlichen Händeln, dieser verlogenen

Buben halber haben Ich als unwürdiger Landesherr, darnach die fromme Landschaft unschuldiger Weise in dem Geschrei und Verdacht sein müssen, als wären wir von der reinen Lehre abgefallen und die calvinische Lehre angenommen, da wir doch weder Wort noch Weise davon gewußt, und haben also der andern Unwissende entgelten müssen" ³²). Der Fürst, welcher früher darüber gescherzt hatte, daß er bei dem Erzcalvinisten Peucer gegessen und ihn zu Gevatter gebeten hatte, welcher seinem Maler Lukas Cranach einst aufgetragen, ihm die berühmten Männer der Universität zu malen, aber die Calvinisten nicht mit, er kenne sie ja ³³), welcher auf Peucers Bitte eine besonders angefochtene Erklärung der Wittenberger über die streitigen Fragen „Grundfeste" betitelt drei Tage lang durchgelesen und gebilligt hatte, welcher den nun calvinisch genannten Katechismus hatte ins Deutsche übersetzen lassen und noch zuletzt in Weimar und Gotha über hundert streng lutherische Geistliche als Flacianer abgesetzt hatte, wollte jetzt von dem allen nichts gewußt haben, wollte vorher von den Unterschieden, welche er jetzt so wichtig nahm, nichts bemerkt haben und wollte auch schon vorher stets so streng lutherisch und anticalvinisch gewesen sein, wie ihm erst jetzt von den Feinden der Wittenberger eingeredet war, daß er seinem eignen Corpus doctrinae zuwider stets hätte gewesen sein müssen, also wohl auch gewesen sein werde, um den Namen lutherisch in ihrem Sinne zu verdienen.

Auch hier begann 1574 der Krieg mit einem Neujahrstage, wo der Kurfürst auf den Glückwunsch seines Hofpredigers Schütz und dessen Empfehlung des neuen Katechismus antwortete: „ich glaube in Wittenberg sind so große Schelme als an andern Orten; ihr rathet man soll keine Flacianer gebrauchen, ihr müßt auch keinen Calvinisten an ihre Statt setzen" ³⁴). Damit war das neue jetzt verlangte System proclamirt; es sollte eine neue Combination gefunden werden, sicher mit Abwendung von allem Calvinischen, sicher auch möglichst lutherisch, aber doch auch nicht ohne Melanchthon und ohne Wegwerfung des Corpus doctrinae; daneben hatte der Hofprediger Listenius am 3. Januar 1574 bei der Kurfürstin eine Beschwerde über die Abendmahlslehre seines Collegen

Stössel eingereicht und dem Kurfürsten einen Brief Peucers an Schütz ausgeliefert, welchen Listenius Frau, „durch Gottes Schickung" sagt sein Biograph ³⁵), aufgefangen und erbrochen hatte, und worin es einmal von der Kurfürstin hieß: „wenn wir nur Mutter Annen für unsere Meinung hätten, den Herrn wollten wir dann auch bald kriegen". Mit solchen Actenstücken war noch mehr zu erreichen; Krakow, Peucer, die beiden Hofprediger Schütz und Stössel und ein Leibarzt Herrmann wurden verhaftet und alle ihre Papiere und Briefe weggenommen; aus diesen, besonders aus den Briefen, welche sie mit einander gewechselt, suchten ihre zu Untersuchungsrichtern eingesetzten Feinde neue Klagepuncte, welche sich der Kurfürst selbst vorlegen ließ und mit eigenhändigen Bemerkungen für die Richter vermehrte. Hatte Schütz Aeußerungen des Kurfürsten erzählt, so sollte es Verletzung des Beichtsiegels sein; hatte Krakow Nachrichten aus Dänemark geschrieben, so sollte er aus dem Rathe geschwatzt haben; die Klagen über Weiberherrschaft am Hofe sollten Schmähungen und Schändungen des Kurfürsten selbst sein; hatte Peucer sein Vertrauen auf Krakow ausgesprochen, so eiferte der Kurfürst, daß er jenen als seinen Messias ansehe, er selbst sei Kurfürst; und hatte er über die Leiden der französischen Protestanten geschrieben, daß auch Ströme Bluts die Wahrheit dennoch nicht dämpfen würden, so sollte er dadurch haben sagen wollen, daß der Calvinismus auch anderswo und nöthigenfalls durch Ströme Bluts siegen werde. Nun wurde Peucer, dessen Krankheit ihn fast das Jahr 1573 hindurch von allen fern gehalten aber seinen Gegnern gedient hatte, noch krank nach Dresden geschleppt, hier vor ein dazu eilig zusammengesetztes Gericht gestellt, und auf dringende Vorstellungen solcher, welche ihn nur schnell sichern wollten vor dem Zorn des Kurfürsten, der in einem benachbarten Zimmer mit einwirkte und sich befragen ließ, ließ er sich hier die nachher bitter bereute Unterschrift einer Formel abpressen, worin er sich nicht nur verpflichtete, von allen theologischen Angelegenheiten sich künftig fern zu halten und sich auf seine medicinische und historische Professur zu beschränken, auch nicht ohne Wissen und Willen des Kurfürsten Wittenberg zu verlassen, sondern auch schuldig bekannte, früher mit andern betrieben zu haben, daß eine fremde sacramentirische Lehre in Sachsen eingeführt wurde, deshalb um Verzeihung bat, und künftig sich alles Conspirirens enthalten zu wollen versprach³⁶). Ein ähnlicher Revers wurde auch Krakow abgenöthigt, und dieser dann auch bloß auf seinen Wohnort, sein Gut Schönfeld bei Dresden, beschränkt. Aber dies sollte sie nicht nur nicht befreien, sondern die abgepreßten Erklärungen wurden nun als vorliegendes Eingeständniß der Schuld zur Verstärkung der peinlichen Anklage beigegeben, welche der Kurfürst nun erst einem größeren Gerichte übergab. Zu einem großen Landtage in Torgau, in dessen Sitzungen der Kurfürst mehrmals persönlich erschien, wurden im Mai 1574 78 Mitglieder einberufen, darunter alle die Feinde der Wittenberger, welche am heftigsten nach ihren Aemtern und ihrem Einfluß trachteten, wie unter den weltlichen Räthen Lindemann, Jenisch und Rauscher, unter den Theologen Martin Mirus und Listenius; und während sonst wohl Landtage wegen fürstlicher Maaßregeln Ministeranklagen erhoben haben, machte hier der Fürst den Landtag zum Richter seiner Minister, welche ohne eigene Verantwortlichkeit bloß seine Befehle ausgeführt hatten, und seit ihm diese leid waren dafür schuldig befunden werden sollten; er erwartete aber für solches Entgegenkommen auch desto willigeres Eingehen auf seine Absichten. Aber wie deutlich den Versammelten auch der Wunsch angedeutet wurde, daß sie Hochverrath finden und Todesstrafe beantragen sollten, wie tumultuarisch man auch die Angeklagten, ohne sie nochmals zu hören, als bereits überwiesen und alles eingestehend voraussetzte, so vermochte man doch nur den Antrag durchzusetzen, daß Krakow und die beiden Hofprediger in ihren Häusern in Haft gehalten und Peucer auf Wittenberg und auf seine medicinische Professur beschränkt werden möge, wofür dem Landtage denn auch ein Verweis des Kurfürsten, welcher sich strengere Bestrafung vorbehielt, zu Theil wurde³⁷). Zugleich arbeitete ein zu dem jetzt verlangten Systeme schnell abfallender Wittenberger Theolog Paul Eber mit einigen fügsamen Geistlichen ein Bekenntniß aus, die sogenannten Torgauer Artikel, gerade so aus lutherischen und melanchthonischen Elementen, wenn auch widersprechend, zusammengefügt, wie es jetzt gewünscht wurde, aber freilich den strengen Lutheranern noch lange nicht genügend; dazu ebenfalls widersprechende Fragen, ob man beim Corpus doctrinae Melanchthons und zugleich bei Luthers großem Bekenntnisse vom Abendmahl verharre und dergleichen, und massenweise wurden nun alle verdächtigen Geistlichen und Lehrer zur Annahme vorgeladen; die meisten fügten sich; nur vier der jüngeren erst von Peucer berufenen Wittenberger Theologen vermochten dies nicht, der eine derselben, Caspar Cruciger, bemerkte schon wegen der Widersprüche, es sei ein Gemenge, daß wenn Luther lebte, auch er nicht unterschreiben würde ³⁸), sie wurden dafür auch gefangen gehalten; dann, nachdem sie mit dem Vorbehalt, die Lehre des melanchthonischen Corpus doctrinä in der Auslegung überordnen zu dürfen, unterschrieben hatten, wurden sie zwar losgelassen aber abgesetzt; die Frequenz der Universität sank plötzlich beinahe auf die bisherige Hälfte herab. Der Haß aber gegen Krakow und Peucer oder der Trieb sie als die Schuldigen hinzustellen, war noch nicht befriedigt, wie bringend auch Fürsten, wie Landgraf Wilhelm von Hessen und Kurfürst Friedrich dem Kurfürsten August vorhielten, er möge Andreä, der voll Schadenfreude sei, nicht den Frieden stören lassen, nicht sich selbst von bösen Menschen verhetzen lassen ³⁹). Das angebliche kirchliche Attentat hatte ja vielleicht auch noch politische Gründe, Conspiration mit Kurpfalz, Erregung von Bürgerkrieg in Sachsen, vielleicht um die ernestinische Linie wieder ans Regiment zu bringen oder dergleichen mehr. Dies traf denn Krakow am schwersten; zum Dank für seine vieljährigen und wichtigen Dienste als Geheimer Rath, auch für so viel für seinen Fürsten übernommenen Haß und obgleich auch sein Glaubensbekenntniß in der Abendmahlslehre ganz lutherisch befunden war, wurde er, der 50jährige Mann, 1575 dergestalt im Gefängnisse gefoltert, daß er noch an demselben Tage im Gefängnisse auf seinem Strohlager todt gefunden und dann unehrlich verscharrt wurde ⁴⁰). Auch Stössel starb 1576 im Gefängnisse und im Wahnsinn ⁴¹). Ueber Peucer aber wurde eine noch viel längere Leidenszeit verhängt. „Es mag viel zu meiner Verfolgung geholfen haben", sagt er selbst ⁴²), „daß ich an D. Krakow und seiner Freundschaft fest gehalten habe, dem man sonderlich feind gewesen; und da man zu mir keine weltliche Ursach hat finden können, hat man so lange in den theologischen Händeln gegrübelt, bis man mich mit hineingezogen hat". Noch 1574 wurde ihm die für seine Unterwerfung gewährte Erlaubniß, auf Wittenberg beschränkt seiner medicinischen Professur zu leben, wieder genommen, und im Juli 1574 nach Torgau wieder vorgefordert wurde er von dort, ohne nach Wittenberg zurückkehren zu dürfen, nach Rochlitz fortgeschickt, doch hier noch im Verkehr mit seiner ihm dahin folgenden Familie gelassen. Aber auch hier, wo er fast zwei Jahre confinirt und immer enger überwacht blieb ⁴³), ward von Neuem an ihm inquirirt; selbst von seinem Beichtvater forderte man Aussagen über ihn, welche dieser aber verweigerte; Krakows Freund Rauscher mußte unter Bedrohung mit der Folter neue Geständnisse über frühere Conspirationen mit den kurfürstlichen Hofleuten und Beamten von ihm fordern, ihm auch die Frage vorlegen, wie er benn meinen könne, dem Kurfürsten treu zu sein, wenn er im Glaubensbekenntniß von ihm abweiche und sich widersetze; worauf Peucer: er verstehe dies gar nicht, denn er müsse doch die Wahrheit sagen; geschieden sei doch was Gottes und was des Kaisers sei; der könne auch kein treuer Diener des Fürsten sein, der nach dessen Belieben und aus Rücksicht auf ihn von der göttlichen Wahrheit abweiche und von Gott abfalle; aber, wenn man das glaube, warum man ihn denn damals gehalten habe, als Andreä ihn zuerst als Seelenmörder denunciirt habe ⁴⁴). Er richtete eine ergreifende Bitte um Freilassung an den Kurfürsten, ebenso seine Schwiegersöhne und seine Frau an die Kurfürstin; aber wie wenig er dadurch auch sein Gesuch unterstützte, so hielt der Gefangene sich doch darin für verpflichtet, aus Theilnahme für den Kurfürsten ihm vorzuhalten, daß er sein Gewissen beflecke, wenn er ihn unschuldig gefangen halte; es sei nicht seines Amts ihm zu predigen, aber bitten und flehen müsse, daß er seine Seele und sein Gewissen schonen möge ⁴⁵). Darum wurde ihm denn auch die Haft nicht erlassen, sondern immer noch erschwert. Auf die persönliche Verwendung des Kaisers Maximilian, welcher bei einem Besuch in Dresden 1575 Peucer für sich selbst zum Leibarzt forderte, antwortete der Kurfürst, er brauche ihn selbst, nur wolle er ihn erst zwingen, seinen Glauben anzunehmen, so daß auch der Kaiser ihn verloren gab⁴⁶); später auf eine gleiche Bitte des Landgrafen Wilhelm von Hessen aber, er könne nicht verantworten, daß ein solcher Bube nun auch im hessischen Lande die Jugend verderbe⁴⁷). Erst 1576 hielt dann Jakob Andreä, auf die Bitten der jetzt neu auftauchenden sächsischen Rechtgläubigen, vom Kurfürsten ausdrücklich zur generalis inspectio und reformatio aller sächsischen Kirchen und Schulen berufen⁴⁸), unter ganz andern Umständen wie früher, jetzt wie ein Triumphator über besiegte Feinde seinen Einzug in Kursachsen. Erst nun, im Juli 1576, wurde Peucer auch von den Seinigen völlig getrennt; seine Frau, die Tochter Melanchthons, mußte mit den Kindern auf Befehl des Kurfürsten nach Wittenberg zurück, sie tröstete ihn selbst bei diesem letzten Abschiede mit den Worten Psalm 118, 17., welche auch erfüllt wurden⁴⁹), und Peucer selbst wurde nun in ein eigentliches enges und schweres Gefängniß auf der Pleissenburg in Leipzig (er fand Krakows Namen an der Wand) eingeschlossen; er sollte durchaus erst seinen Glauben in der Abendmahlslehre abschwören und dadurch seine Reue und seinen Gehorsam beweisen; es war der Anspruch, daß die lutherischen Unterthanen auch die Veränderungen in dem Bekenntniß ihrer fürstlichen Landesbischöfe mitzumachen verpflichtet seien. Peucer wurde hierzu wieder durch Rauscher mit glücklicher aber nicht rühmlicher Weise erlogenen Drohungen torquirt; zuerst drohte er ihm mit glühenden Zangen, dann zeigte er ihm eine Handschrift des Kurfürsten, welche ihm nach acht Tagen den Tod ankündigte, wenn er nicht widerrufe, die Todesart ihm gnädig freilassend; darauf, als dies nichts wirkte (Peucer beklagte nur seine Kinder) verhieß er ihm unterirdisches dunkles Gefängniß in Hohenstein, wo er durch Würmer und Schmutz zu Grunde gehen werde. Nach einigen Wochen sprach er im Namen des Kurfürsten auch eine feierliche Verfluchung zu tausend Teufeln über ihn aus, wenn er nicht seine Meinung aufgeben und sich zu dem bekennen wolle, was der Kurfürst und seine Theologen jetzt für gut fänden (quod ipsi cum theologis suis decretum est); doch solle er nun zu lebenslänglichem Gefängniß begnadigt sein. Und als Peucer hierauf seine Frau zu beklagen anfing, da meldete ihm Rauscher nun erst den schon zwei Monate vorher erfolgten Tod seiner Frau, und auf die heftigen Ausbrüche seines Schmerzes „ihr habt sie umgebracht durch den Jammer wie mit einem Dolche, ohne daß sie oder ich irgend eine Schuld hatten", vermochte doch selbst Rauscher nur lobende Worte großer Anerkennung für Melanchthons Tochter zu erwiedern; erst 45 Jahre alt und erst wenige Wochen nach ihrer Trennung von ihrem Manne hatte sie fern von diesem, dem erfahrenen Arzte, sterben müssen [50]). Aber die Härte gegen diesen nahm ihren Fortgang. Eine deutsche Bibel, ein Psalterium und drei medicinische Bücher hatte man ihm gelassen, aber kein Schreibmaterial [51]); auch um Zulassung zum Abendmahl bat er umsonst; zwar führte jetzt diese seine Bitte, sicher nach dem Willen des Kurfürsten, den großen Kanzler Andreä in dieser Zeit seines Glanzes (er vergleicht sich selbst mit Moses auf Sinai) [52]) mit Rauscher und dem auch von Melanchthon abgefallenen leipziger Theologen Selnecker (16. Nov. 1576) in Peucers Gefängniß, und sein Anblick ließ diesen freilich anfangs nicht ruhig bleiben; aber Andreä forderte nun auch, daß Peucer zuerst seine Abendmahlslehre, weil sie Gotteslästerung sei, aufgeben und sich zu der seinigen bekennen müsse, und daß er wegen seiner Lästerung frommer Diener Gottes und Aergerniß bei der Jugend sich reuig bekennen müsse; ohne diese zwiefache Buße dürfe ihm ja das Abendmahl nicht gewährt werden, weil es ihm sonst zum Gericht gereiche; und da Peucer beides verweigern mußte, verweigerte man ihm auch das Abendmahl [53]). Noch einmal bat ihn dann Rauscher mit vielen Thränen, den Kurfürsten nicht länger durch seine Widersetzlichkeit zu erzürnen und drohte ihm dann wieder mit glühenden Zangen, und daß er niemals wieder zu ihm kommen werde, was auch erfüllt wurde, da Rauscher drei Tage nachher starb [54]). Im folgenden Jahre 1577 nach Rauschers Tode erhielt Peucer manchmal Schreibmaterial, wenn der Kurfürst wünschte, daß er an seiner Chronik weiter schreiben solle, oder wenn Landgraf Wilhelm mathematische Gutachten von ihm forderte; er benutzte es dann sogleich zu längeren Bekenntnissen; dazwischen nahm man es ihm wieder, er half sich dann mit den Rändern seiner fünf Bücher oder den Wänden seines Gefängnisses und mit Tinte aus Ofenruß oder Brotkohle und Bier; täglich zwei Mal wurde ihm durch eine Oeffnung in der Thür seine Kost hereingereicht und im Winter einmal der Ofen auf seine Kosten geheizt; um einen Arzt, um warme Medicin, um Wasser zum Fußbad und zur Reinigung des Leibes und Kopfes, um Nadel und Fäden zur Ausbesserung seines Bettes läßt der Kurfürst seinen dem Kaiser vorenthaltenen Leibarzt vergebens bitten; sein ganzer Zustand, er beschreibt ihn mit ärztlicher Genauigkeit, ist ein fortwährendes Hinsterben in Schmutz, Kälte und Mangel an Ernährung; aber das Gebet erhält ihn aufrecht, seine Tagebücher sind voll davon; auch das Dichten lateinischer Verse erheitert ihn. Auch ein griechisches Neues Testament erhält er auf alle seine Bitten nicht; aber als das Werk seiner Gegner, die Concordienformel vollendet ist (er nennt es Chimära wegen der Zusammensetzung aus widerstreitenden lutherischen und melanchthonischen Elementen und wohl auch wegen der Anspielung auf cui lumen ademtum), da erhält er statt des Neuen Testaments vom Concordienbuch sogleich ein Exemplar, und freilich freut er sich hier anfangs der weißen Ränder und Blätter [55]), aber nun soll er auch dies neue Bekenntniß annehmen, und weil er dies nicht vermag, wird ihm nun von einem Jahr zum andern das Gefängniß verlängert. Schon wird über die Art seines Begräbnisses verhandelt; der Hauptmann, welcher ihn bewacht, bedroht ihn mit Eselsbegräbniß [56]); ein Gutachten des neuen rechtgläubigen Consistoriums zu Dresden vom Jahre 1581 [57]) spricht ihm zwar wieder das Abendmahl ab, aber es räth ihn mit Verlust des Begräbnisses bloß zu bedrohen, also wieder zu belügen, doch wegen der Papisten ihn noch zuletzt auf den Kirchhof zu tragen. Daß

Andreä noch 1580 um sein Ansehn beim Kurfürsten gebracht und
in Ungnaden entlassen ist **), ändert auch in Peucers Lage nichts;
die alten Freunde und Schützlinge Andreä's, Selneker, Mirus
u. a., welche diesen verdrängt und sich in seine Stelle eingedrängt
hatten, behaupteten diese auch gegen Peucer in alter Weise. Sein
Testament vom Jahre 1584 spricht seinen Kindern und Schwieger-
söhnen seine Unschuld aus und den Glauben, auf welchen er
sterben will. Noch immer wird er auch durch sein Gewissen ge-
drängt, dem Kurfürsten selbst aus Bekümmerniß für dessen Heil
umständlich darzulegen, was ihm als die rechte göttliche Lehre des
Neuen Testaments und als das Gotteslästerliche in Andreä's Lehre
erscheint; in einem Schreiben vom Juli 1585, also nach elfjähriger
Haft, spricht er sein Vertrauen aus, daß Gott ihn selbst „erwählt
und erhalten haben könne, den Unterschied zwischen der unwandel-
baren Wahrheit und der Concordienformel, welchen er ihm klar
und unwidersprechlich geoffenbart habe, auch dem Kurfürsten zum
Unterricht und zu ewiger Seligkeit zu eröffnen", am liebsten mündlich.
Obgleich ihm nun dies nicht gewährt wird, und obgleich auch
Selneker, welcher nun statt des Kurfürsten mehrere Tage mit ihm
mündlich verhandeln muß, nur neue Klagen über seine Verstocktheit
und seinen schwärmerischen Glauben an seine besondere Offen-
barung und Berufung einzuberichten hat **), so scheint dies doch
zuletzt nicht ohne Eindruck auf den Kurfürsten geblieben zu sein.
Schon hatte es diesen erschreckt, als ihm gesagt war, das athana-
sische Symbolum durch sein minor patre secundum humanitatem
bestätige Peucers Lehre **); schon hörte man ihn die Stand-
haftigkeit Peucers in seinem Bekenntnisse loben, und über seine
sacrificuli klagen, welche ihm täglich etwas Neues brächten und
aus einem Irrthum in den andern trieben; schon consultirte er
ihn wieder wegen seiner Badereisen, aber noch ohne ihn frei zu
lassen **), da — starb plötzlich noch 1585 am 1. October die Mutter
Anna, sie, welche noch zuletzt den Landgrafen Wilhelm in Schwal-
bach auf seine Fürsprache für Peucer versichert hatte, bei ihren
Lebzeiten werde er nicht frei **). Drei Monate nachher, 3. Jan.

1586, verheirathete sich der 60jährige Kurfürst mit Agnes Hedwig, der noch nicht 13jährigen Tochter des noch lutherischen aber friedliebenden Fürsten Joachim Ernst von Anhalt (sie war 12. März 1573 geboren), und fünf Wochen nach der Hochzeit am 11. Februar starb Kurfürst August selbst; aber so war es wohl fast die beste Frucht dieser kurzen und seltsamen Ehe, daß der Kurfürst sich von dem philippistisch gesinnten Vater der jungen Frau noch zur Befreiung seines Gefangenen hatte erbitten lassen, und so doch kurz vor seinem Tode wenigstens etwas gethan hatte, die lange Härte gut zu machen und nicht die volle Schuld mit hinüber zu nehmen. Drei Tage vor dem Tode des Kurfürsten wurde Peucer in Freiheit gesetzt, sie haben sich nicht wieder gesehen; sein Feind Jenisch hatte ihm aber auch hier noch eine Eidesformel abgenöthigt, worin er schwören mußte, daß er die Befreiung als besondere Gnade annehme, und seiner Haft „in keinerlei Wege in noch außerhalb Rechtens wider den Kurfürsten und dessen Diener weder mündlich noch schriftlich in Ungüte gedenken oder gedenken lassen wolle", ein Versprechen, von welchem ihn nachher der Nachfolger, Kurfürst Christian I., wieder entband [63]).

Auch diesen überlebte nun Peucer noch, und erlebte unter seinem und seines Kanzlers Krell Regiment sogar noch ein Wiederaufkommen seiner alten melanchthonischen Partei und Beschränkungen der zuletzt siegreichen streng lutherischen. Doch Kurfürst Christians Leben war so kurz, und der Eifer der von ihm zurückgesetzten Theologenpartei so heftig, daß Peucer auch noch einen zweiten Sieg dieser erleben mußte; es gelang ihr nach dem frühen Tode Kurfürst Christians im Jahre 1591 auch gegen seinen Minister Krell sogleich wieder Gefangenschaft und Proceß durchzusetzen und nachdem beides auch zehn Jahre gedauert hatte, ihn als Calvinisten und Landesverräther enthaupten zu lassen. Peucer, welchen man auch nochmals angriff, aber vergeblich, hatte sich schon früher aus Sachsen zu den anhaltischen Fürsten nach Dessau gewandt, und verlebte hier oder in der Pfalz oder in Kassel und sonst auf Reisen noch sechszehn ruhigere Jahre [64]), an allen diesen

Orten wirksam und hochgeehrt als Arzt, als nicht minder erfahrener Rathgeber in kirchlichen und weltlichen Angelegenheiten, als medicinischer, historischer und theologischer Schriftsteller und als Verkündiger Melanchthons und seiner Theologie; auch seine Gesundheit, früher oft so gebrechlich, befestigte sich erst nun; noch ohne ein graues Haar war er aus seinem Gefängniß hervorgegangen; er verheirathete sich auch noch einmal im Jahre 1587, und er soll aus seiner ersten Ehe zwei Söhne und vier Töchter und von diesen 41 Enkel und drei Urenkel nachgelassen haben[63], als er im Jahre 1602 77jährig in Dessau starb.

Anmerkungen.

Die Hauptquelle der »historia calamitatum« Peucers ist die drei Jahre nach seinem Tode zu Zürich erschienene Schrift Casparis Peuceri, historici et medici clarissimi, historia carcerum et liberationis divinae, opera et studio Chr. Pezelli nunc primum in lucem edita, Tiguri 1605, 831 S. in 8. Hier sind Actenstücke aller Art zusammengehäuft, aber das meiste ist von Peucer selbst zu seiner Vertheidigung niedergeschrieben, theils noch während seiner Gefangenschaft um Befreiung aus dieser zu erreichen, theils wohl auch später; dazu kommen noch Aufzeichnungen anderer Art, meist auch aus der Zeit seiner Haft, Meditationen, Entwürfe, Bekenntnisse, Gebete, Monologe in mancherlei Weise; auch Peucers Testament ist noch im Gefängnisse und unter der Voraussetzung geschrieben, daß man ihn nicht wieder frei lassen werde. Eine andere Schrift Peucers, welche noch bei seinen Lebzeiten nach seiner Befreiung erschien, ist auch für die Geschichte der Abendmahlslehre und das Verhältniß Luthers zu dieser von großem Interesse, weil sie sehr glaubwürdige Aussagen Melanchthons darüber enthält, das ist der »tractatus historicus de Ph. Melanchthonis sententia de controversia coenae domini a D. Casp. Peucero ante plures annos scriptus, sed iam primum separatim excusus, cum appendice epistolarum Philippi aliorumque etc. subiuncta; studio Quir. Reuteri, Amberg 1596, 129 S. in 4.; gegen diese ist dann zu der Zeit, wo man Krell den Proceß machte, von der nach seinem Sturz wieder mit ubiquististischen Schwaben Pol. Leyser, Aeg. Hunnius und Leonh. Hutter neubesetzten theologischen Facultät zu Wittenberg eine »libelli Calviniani, cui titulus tractatus etc., refutatio« gerichtet, »in qua non modo calumniae in Lutherum eiusque doctrinam refutantur, sed etiam Ph. Melanchthonis haesitatio et Calvinianae molitiones

sub nominis eius periculosa autoritate diversis temporibus
tentatae in lucem producuntur«, Wittenberg 1594, 275 S. in 4.
Auf der Bibliothek zu Marburg ist ein Manuscript mit Beiträgen
zur Geschichte Peucers, worin voransteht was in dem tractatus
historicus S. 1—42 und in der historia carcerum S. 35—125
gedruckt steht; dann folgt noch eine »Apologia«, welche Aehnliches
enthält, wie die übrige historia carcerum, manches auch ausführ-
licher bespricht, aber erst nach der Gefangenschaft aufgezeichnet sein
muß; es heißt z. B. darin: »at ne nunc quidem sine simili
perturbatione animi illorum unquam recordor«; am Schluß
auch einige Distichen Peucers »in carcere«, z. B.:
 Gratia pro meritis tibi, magne Philippe, refertur
  Qualis ab ingrata redditur orbe piis.
 Ceu rabidi lacerant te turba maligna molossi,
  Sed tua persistet vindice causa Deo.
Fünfzig Briefe Peucers aus den Jahren 1588 bis 1600 stehen
in Joh. Chr. Beckmann's accessiones historiae Anhaltinae,
Zerbst 1716 fol., S. 129—164, zwanzig andere in Strobels
literarischen Miscellaneen Th. 4. S. 73—110; noch interessanter
für seine früheren Jahre und die damaligen Zustände sind achtzehn
andere, welche zuerst im zweiten Bande von J. F. A. Gillet's
Crato von Crafftheim (Frankfurt 1860) mitgetheilt sind neben
mehreren anderen aus demselben Freundeskreise; noch eine beträchtliche
Sammlung Peucer'scher Briefe, Abschriften aus den Autographen
im Archive zu Bernburg, ist aus der Bibliothek des Klosters
St. Michaelis zu Lüneburg in die K. Bibliothek zu Hannover
übergegangen und theilweise bei Beckmann gedruckt, s. unten Anm. 64
S. 45 ff.; andere Briefe sind von Röse im Dresdener Archive nachgewiesen. Zu den Quellen gehören auch die in Thomasius Annalen
hinter Melchior von Osse's Testament gegen Kurfürst August
(Halle 1717 in 4) zu den Jahren 1574 und 1576 aufge-
nommenen ausführlichen Berichte und Acten S. 106—168,
wo auch die schon 1685 zu Colbitz herausgegebene Nachricht über
das Gespräch auf der Pleissenburg am 16. Nov. 1576 ihrem Haupt-
inhalt nach wieder aufgenommen ist. Unter den Zeitgenossen,
welche sich mit Peucers Geschichte beschäftigt haben, stehen die
Gegner Hospinian und Hutter auch in dieser Hinsicht einander
gegenüber, Hospinian in der concordia discors S. 63 ff. als
Vertheidiger Peucers, und Hutter in der concordia concors
S. 228 ff. und S. 965 ff. als erbitterter Gegner. Den Stand-
punct des letztern hält im Wesentlichen auch Val. E. Löscher in
der historia motuum 1723 Th. 3 S. 143 ff. fest. Aus dem

Jahre 1734 eine Skizze mit Aufzählung der Schriften Peucers in Nicéron memoires T. 26 p. 160—174. Im Jahre 1745 ist von Joh. Chr. Leupold eine erste „Lebensbeschreibung Dr. Caspar Peucers" zu Bauzen in 4. herausgegeben. Neuere Bearbeitungen der Geschichte Peucers in Eichstädts Programm narratio de Caspare Peucero, Jena 1841, 34 S. in 4., in B. Röses Artikel Peucer in der Ersch und Gruber'schen Encyklopädie Sect. 3 Th. 19 (1844) S. 435—60 mit einem Zusatz von Nettberg, und zuletzt in der Schrift von Fr. Koch de vita Casp. Peuceri, Marburg 1856, 64 S. in 8. In der letztern ist schon benutzt, was erst kurz vorher von H. Heppe in Bd. 2 seiner Geschichte des deutschen Protestantismus zur Beleuchtung des ganzen Systemwechsels in Kursachsen 1574 und besonders der Exegesis perspicua geleistet war, aber noch nicht, was erst durch die oben angeführte Schrift von Gillet geschehen ist, welche als die ausgezeichnetste Bereicherung der Geschichte Peucers und seiner ganzen Zeit und Umgebung aus den letzten Jahren zu rühmen ist.

1. Das Blatt ist abgedruckt im Corp. Reformatorum T. 9 p. 1098.
2. Joach. Camerarius de Ph. Melanchtonis ortu, vitae curriculo et morte p. 399. 400. (Lips. 1566).
3. Noch stärker Gillet Crato v. Crafftheim Th. 1 S. 119. 120.
4. Corp. Ref. T. 9 p. 185.
5. Camerarius l. c. p. 370 und in seinem Briefe bei Gillet Th. 2 S. 479.
6. Corp. Ref. T. 9 p. 797.
7. Peucer an Crato: »memini socerum per locum dicere se discedentem ex hac vita relicturum sociis ἐπιτάφιον ἀγῶνα. Bei Gillet Th. 2 S. 482.
8. C. Schmidt Melanchthon (Elberfeld 1861) S. 664.
9. Ueber diese Geselligkeit s. Ludw. Koch Melanchthons schola privata, Gotha 1859, z. B. S. 32. 57 ff. 86.
10. Schmidt a. a. O. S. 710. Melanchthons Rühmen Peucers Corp. Ref. T. 9 p. 121, denn der dort erwähnte Caspar ist Peucer.
11. Die Sitten des damaligen sächsischen Adels charakterisirt eine Erzählung Melanchthons im Corp. Ref. 25, 707: Lutherus dicebat illorum esse maximum laborem (in aula) qui coguntur exhaurire vini et cerevisiae tantum ut nunquam quiescant nocte vel die, ut nobis dixit unus ex nostris nobilibus, cum post

pugnam Mulborgensem tres dies passus esset inediam, nihil edisset, neque bibisset, se numquam melius valuisse, quia numquam fuisset tam sobrius multis annis. Das waren wohl dieselbigen, von welchen der Kurfürst Johann Friedrich um dieselbe Zeit rühmte, er sei reicher als Christus, denn der habe nur einen Verräther an seinem Tische gehabt, er aber habe den ganzen Tisch voll. Beck Johann Friedrich Th. 1 S. 20.

12. Ueber Kratow dessen „Lebensgeschichte" in Klotzsch' und Grundig's Sammlung von Nachrichten zur sächsischen Geschichte Th. 8 S. 1—137.

13. Ueber diesen Fürsten und auch über das Verfahren Kurfürst August's gegen ihn, so wie über dessen ganze Politik, belehrt erst jetzt vollständiger als bisher die ausgezeichnete Schrift von Aug. Beck Johann Friedrich der Mittlere, Weimar 1858, 2 Bde. August's Rachsucht gegen seinen Vetter, dessen streng lutherische Richtung er erst von da an adoptirte, wo er ihn auf Lebenslang unglücklich machte, reichte noch über August's Tod hinaus, denn auch dann durfte der Kaiser den Herzog Johann Friedrich auch auf die rührendsten Bitten seiner Frau und anderer Fürstinnen nicht frei lassen, weil August sich vom Kaiser Maximilian hatte versprechen lassen, er werde ihn nicht ohne seine Zustimmung frei geben, und weil August dazu niemals zu bewegen gewesen war. S. besonders Beck Th. 2 S. 26. 40. 51. 63 u. s. f. Ueber das ganze sächsische Beamtenpersonal daselbst S. 95—174.

14. Peuceri historia carcerum p. 420. 421. 425.

15. Grohmann Annalen der Universität Wittenberg Th. 1 S. 198. Das von Förstemann herausgegebene »Album acad. Vitebergensis« (Leipzig 1841 in 4) reicht in der Ausgabe leider nur bis zum Tode Melanchthons. Doch seit dem Mai 1560, wo Peucer Rector der Universität wurde, immatriculirte er 411. Coch a. a. O. S. 13.

16. Historia carcerum p. 424.

17. Peucer bei Hospinian conc. discors p. 83. »Ascensurus currum (elector) ad consiliarios praecipuos dixit: proficiscor convivatum ad Archicalvinistam«. Auch hist. carc. sagt er p. 267: »principem me solitum esse appellare Archicalvinistam«. Ebenso S. 319.

18. Hist. carc. p. 82: »Gratia principis erga me quanto magis crescebat, tanto ego vicissim contristabor animo, cumque eo usque invaluisset, ut et in meis aedibus vellent coenare

principes, plane fractus animo de diuturnitate gratiae spem omnem abiciebam«.

19. Schon 1561 bei Gillet Crato von Crafftheim Th. 2 S. 486 u. a.

20. L. Ranke deutsche Geschichte im Zeitalter der Reformation, 3. Ausg. Th. 5 S. 284.

21. Nach Melanchthons Zeugniß in einem Berichte sächsischer Abgeordneten vom Religionsgespräch zu Worms 1557 Heppe Geschichte des deutschen Protestantismus Th. 1 S. 167.

22. Gillet a. a. O. Bd. 2 S. 485.

23. Unter diesen war Konrad Schlüsselburg (geb. 1543 gest. 1619), welcher für Aufhetzen und Spottgedichte und dann für Renitenz gegen die Philippisten und das unter ihnen geltende System 1568 von Wittenberg relegirt dadurch auf Lebenslang zu einem lutherischen Epiphan prädestinirt wurde. Das Relegat gegen ihn steht in den scriptis publice propositis a gubernatoribus doctrinae in acad. Witebergensi T. 7 (1572) p. 441—49. Schlüsselburg selbst äußert sich darüber im letzten Theile (lib. 13, Frankfurt 1599) seines catalogus haereticorum S. 755 ff., und noch stärker in einer späteren Schrift vom Jahre 1616, aus welcher Mittheilungen in Thomasius Annalen S. 62 — 73 und in Grohmanns Annalen von Wittenberg Th. 1 S. 154 ff. Daß Peucer gegen einen Studenten, welcher sich als Zeuge der Rechtgläubigkeit und als Ankläger auf Irrlehre und Verrath gegen die ganze Universität und die bestehende Ordnung aufwarf, die Geduld verlor, ist ja wohl erklärlich, scheint aber freilich mehr als recht war geschehen zu sein, auch nach Hutter concordia concors T. 1 p. 228—30.

24. Ueber Languet s. Gillet Th. 1 S. 272 ff. Briefe desselben das. Th. 2 S. 489 u. a.

26. Die Unterschriftsformel bei Löscher historia motuum Th. 3 S. 21—22. Im folgenden Jahr 1570 schlossen sich auch die hessischen Theologen dieser erneuten Annahme des corpus Philippicum an. S. Heppe hess. Generalsynoden Th. 2 S. 175—76.

26. »Initia horum omnium malorum extiterunt ab apostolo ubiquitatis Jacobo Andrea, qui cum ea quae quaerebat suffragia blasphemo dogmati Brentiano non reperiret in academia nostra, incipiebat nos omnes odisse, persequi, calumniari, haereticos proclamare, concitare in nos aulas et gynaecea Saxonica, et in me imprimis, quem contrariae, i. e. veritatis,

caput ac ducem solebat vocare. S. Hist. carc. p. 265, auch
S. 318 u. a. S. 480: Schmidelinus ardelio. S. 112:
γυναικοκρατία. Die ablehnende Antwort der Wittenberger und
Leipziger an Andreä vom 26. Januar 1570, worin sie sich gegen
seine neue Forderungen bloß auf ihr corpus Philippicum berufen,
in den Unschuldigen Nachrichten 1717. S. 727—30.

27. Auch andere als Peucer kennen und bezeichnen diese
Partei so. Aurifaber schreibt 9. Juni 1572 an Crato: »Qui
calumniosis praeiudiciis theologos nostros gravant — hi magni
et praeclari sunt in γυναικείῳ, sed hoc artificio sycophantico
maior ipsis gratia nascitur, nec aliam expeditiorem esse viam
consectandi favorem principum et populi hoc tempore cernunt.
Hac vero impudentius nemo utitur, quam qui alio modo nullo
emergere possunt. Inter hos autem praecipui sunt quos semi-
doctos M. V. nominat« etc. Gillet Th. 2 S. 516. Ebendaselbst
klagt ein anderer, wie »elector ab aulicis suis adulatoribus
persuasus« gegen die Wittenberger aufgereizt werde.

28. Historia carcerum p. 92. 147 ff. 265. Hospinian p. 67.
29. Historia carcerum S. 447. 89. 90.
30. Hutter concordia concors T. 1. p. 236.
31. Die Geschichte dieser Exegesis perspicua des Curäus
ist zwar erst in Heppes Protestantismus Bd. 2. genauer als früher
erläutert, aber bemerkenswerth ist, daß schon im liber decanorum
facult. theol. Viteberg. ed. Förstemann sich pag. 55 die Rand=
bemerkung findet: »Imo ante conventum Torgensem constabat
auctorem eius libri non esse theologum quemquam in his
ditionibus, sed Joach. Curaeum, medicum Silesium«.
32. Hutter T. 1. p. 234.
33. Gillet Th. 1 S. 427.
34. Gleich, Leben sächsischer Oberhofprediger Th. 1 S. 48.
35. Gleich a. a. O. S. 43.
36. Die Formel historia carcerum S. 105 ff. und deutsch
S. 382—84.
37. Mittheilungen aus den Acten dieses Landtages in
Klotzsch und Grundigs Sammlung von Nachrichten zur sächsischen
Geschichte Th. 8 S. 114—137. Sie werden noch ergänzt in
Löschers historia motuum Th. 3 S. 167 ff. Der Verweis des
Kurfürsten an den Landtag wegen zu gelinden Urtheils und der
Vorbehalt schwererer Bestrafung in Klotzsch Sammlung S. 136.

Hist. carcerum p. 275: »Jubentur designati iudices pronunciare de capitibus nostris; pollicetur elector prolixe se fore executorem. Fertur sententia ut qui aresto obligati sumus hoc vinculo retineamur in statione nostra. Graviter accipitur haec lenitas, nam capitalis sententia expectabatur. Sibi tamen se reservare princeps respondet, ut de nobis suo statuat arbitrio«.

38. Seine Aeußerung in den Beilagen des Bb. 2 von Heppes Geschichte des deutschen Protestantismus S. 128.

39. Auch ihre Briefe eben daselbst S. 106 u. a.

40. Klotzsch Sammlung Bb. 8 S. 85. 86. Kleine Abweichungen in den Angaben in Thomasius Annalen S. 135; es bleibt nach allen Nachrichten genug übrig zur ausreichenden Charakteristik des „Lebenszeugen", welcher sich von seinen Schmeichlern hinreißen ließ, um sich selbst zu reinigen solche Schandthaten an seinem unschuldigen Minister verüben zu lassen.

41. Unschuldige Nachrichten 1712 S. 610 ff. Hist. carc. p. 326.

42. Hist. carcerum p. 430.

43. Daselbst S. 277—79. In Rochlitz blieb Peucer von Anfang August 1574 bis Ende Juli 1576; eine Unterbrechung war eine erschwerte Haft von Weihnachten 1575 bis 1. März 1576, wo man ihm Erleichterung anbot, wenn er sein Chronicon beendigen wolle, was er aber dort ohne Bücher und Umgang ablehnte. Hist. carc. 300 ff. 468.

44. Ueber das erste Verhör durch Rauscher am 17. Febr. 1575 die hist. carcerum p. 126—150, besonders p. 141. 147.

45. Daselbst S. 175. Die Gesuche S. 404—411.

46. Schon am 16. März 1575. Wenig abweichend darüber zwei Berichte in der hist. carcerum p. 361 und p. 478. »Ille (elector) se hoc agere subiecit ut ad consensum in controversis articulis religionis me adigat cum aliis; velle se enim ut sui ministri secum et inter se consentiant«. Imperator ad hoc: »id non perficies, nec nostrum est imperare conscientiis aut ad fidem quemquam vi cogere«.

47. Das Antwortschreiben des Kurfürsten 8. Nov. 1576 bei Hutter concordia concors p. 968. Hist. carc. p. 360.

48. Liber decanorum facult. theol Viteberg. p. 57—58.

49. Historia carcerum p. 339. 340. Röse hall. Encykl. 3, 19, S. 448. Goch de vita Peuceri S. 43.

50. Am 2. August 1576 wurde Peucer nach Leipzig abgeführt, schon am 12. Sept. 1576 starb seine Frau. Ueber die Verhöre durch Rauscher auf der Pleißenburg seit dem September 1576 Hist. carcerum S. 340 ff. und S. 469 ff.

51. Historia carcerum p. 355.

52. Rehtmeier, Kirchengesch. von Braunschweig Th. 3 S. 460.

53. Ueber dieses Gespräch der ausführliche Bericht des Superintendenten Weisse zu Colditz, abgedruckt auch in Thomasius Annalen S. 150—160. Hist. carc. p. 356 ff. 480 ff.

54. Historia carcerum p. 481.

55. Daselbst S. 673. Eine deutsche Bittschrift vom Jahre 1579 das. S. 600—612.

56. Daselbst S. 754.

57. Das Gutachten vom 5. Mai 1581, unterzeichnet von Mirus, Listenius, Gräser und Glaser, hist. carcerum p. 755—57 und etwas abweichend bei Hutter concordia concors p. 969—70.

58. Heppe, Geschichte des deutschen Protestantismus Th. 4 S. 256—70. (Zu S. 268 Note 1 f. Gleich Ann. Eccl. 1, 325).

59. Peucers Bitte um Audienz beim Kurfürsten zu dem bezeichneten Zwecke war wohl schon früher vorgebracht, zuletzt in einem Gesuche vom 29. Juli 1585 bei Hutter concordia concors S. 246. Ebendaselbst folgt dann S. 247—64 der ausführliche Bericht Selneckers und Schilters über ihre Verhandlungen mit Peucer vom 19. bis 21. August 1584. Gerade Selnecker war aber Peucer vor andern seiner Partei zuwider als »Vertumnus et Proteus in religione«, welcher »subinde in alias se formas convertit nunc has nunc alias« (hist. carc. p. 357) und so mußte er sich auch hier seine neueste künstliche Abweichung von Andreä und seine Erhaltung des Unfriedens von ihm vorhalten lassen, hist. carc. p. 761—64. In einem Briefe an Baumgarten sagt Peucer selbst: »nullius scelus gravius fero, quam ex superba audacia et impudenti inscitia profectum plagiarii Selnecceruli«. Strobel lit. Misc. Th. 4 S. 90.

60. Historia carcerum p. 753.

61. Daselbst S. 772. 773.

62. Daselbst und Coch S. 53.

63. Daselbst S. 780—83.

64. Von diesen letzten Lebensjahren Peucers, von dem schönen Verhältniß eines hochgeachteten väterlichen Freundes, in

welchem er zu den Söhnen des noch im Jahre 1586 verstorbenen Fürsten Joachim Ernst von Anhalt stand, besonders zu dem zweiten der sieben Söhne Christian (geb. 1568 gest. 1630), demselben, welcher schon 1591 Heinrich dem IV. die deutschen Hülfstruppen statt des Kurfürsten von Sachsen Christian I. zuführte, nachher (1608) Begründer der Union und noch später Feldherr des Böhmenkönigs Friedrichs V. von der Pfalz wurde, — von dem Ernst und der Freimüthigkeit, womit Peucer den jungen Fürsten vorhielt, was er von ihnen forderte, zeugen vornehmlich seine Briefe in den Beckmann'schen Accessionen und in der hannöverischen Handschrift. Die letztere, welche dem Verfasser von der K. Bibliothek zu Hannover gütigst mitgetheilt und dort erst kürzlich durch Herrn Rath Bodemann wieder hervorgezogen wurde, enthält 77 Briefe mehr als sich bei Beckmann gedruckt finden, auch noch einige von andern Verfassern als von Peucer, von dem Fürsten Christian selbst, von Jacob Bongars u. a. Aus diesen wohl noch nirgendwo abgedruckten Briefen mögen hier noch einige für Peucer und seine Verhältnisse bezeichnende Stellen folgen. Nach dem Tode Heinrichs III. setzt er die besten Hoffnungen auf Heinrich IV., und schreibt vor dessen Uebertritt unterm 24. August 1589 (fol. 98) an den Fürst Christian, auf Heinrich passe jetzt Psalm 21 durchaus, »non dubito Pontificatum aut eversum aut duriter quassatum Gallicis armis corruiturum esse«. Aliud metuo, quod pacatis rebus in Gallia more gentis et ingeniorum Gallicorum commovebuntur novae disputationes de religione, quae parient confusiones extremas duraturas usque ad finem mundi secundum praedictiones Christi. Illos disputationum ac haereseos conflictus magis quam bella metuo«. Bald aber sieht er nur schwarz in die Zukunft und baldigen Untergang Deutschlands durch feindliche Nachbaren ringsum, durch Türken, Spanier, Jesuiten und Russen, und dies als Strafe für Sünden und Uneinigkeit. So am 29. Juli 1594 (236): »Nisi accurritis praecipiti ruinae, opprimet illa vos ab utraque parte omnium opinione citius. Consumentur et extirpabuntur familiae vestrae devoratae a canibus et possidebunt hi regna vestra. Nec religionem, nec imperii maiestatem, leges, iura vos curatis. Nec illa studetis cognoscere. Multo minus mederi malis publicis«. Ebenso am 30. Nov. 1594 (260): »Redundabunt in nos praedictae voce Christi et Pauli apostoli, ut interpretis confusiones et eversiones. De his cum neminem videam affici communibus malis et periculis, nihil addo amplius. Indulgentis sane principes otio, voluptatibus et securitati vestrae, imo quod deterrimum est odiis mutuis dissidiisque, et furoribus theologorum, avaritia, ambitione et vino ebriorum. Quaeratis sane sua quisque commoda sine respectu et cura reip., eventus quis sit futurus vos omnium maxime experiemini«. Und am 25. Febr. 1596 (274): »Unde vero hoc omne proficiscitur nisi immissa vobis fatali coecitate et amentia, qua fascinati paeneque dementati pro rep., pro ecclesia et pro bellis, i. e. omissa horum omnium cura, tractatis aliena a munere vestro quisque illa, ad quae vel impetu coeco sponte, vel imposturis seductus fertur aut rapitur. Istas mihi quaerelas ad Cels. T. expressit tam amor meus sincerus et ardens in illum, quam dolor ex ruina Germaniae ingens, coniunctus cum sollicitudine pro utroque«. Und gar nicht hochfahrend verantwortet sich dagegen Fürst Christian am 24. Jan. 1600 (311), wo er kein Kind mehr sondern Statthalter der Oberpfalz ist: „da ich damit gemeint werde, qui ebrius ne cogitem quidem semel quid faciam, so bin ich gewißlich unbillig bei Euch traducirt worden, meine conscientia giebt mir ein anderes Zeugniß", „ich kann sine ulla arrogantia mit Wahrheit sagen, daß ich durch Seine göttliche Hülfe und Beistand diese gefährlichen Jahre über mehr bei denen gemeinen Sachen gethan als der andern seiner", u. s. f. Dennoch schreibt Peucer wieder 16. Mai 1600 (318): »Utinam vos principes omnes maturo sinceroque consensu ingravescentibus ubique malis quaereretis remedia salutaria, prius quam ad summum aucta vos opprimant ac devorent«. Wie sehr Fürst Christian auch mit dem Kurfürsten Christian I. befreundet ist, so scheut sich Peucer doch 1590, ersteren nach Dresden zu begleiten, denn, sagt er (178), »plures fore certus sum qui me execraturi sunt et in me collaturi tanquam architectum quicquid boni in emendatione religionis deinceps susceptum fuerit sed ipsis displicens, quod etsi mea causa non curo — tamen cum redundaturum hoc aut in Ill. Electorem aut in consiliarios non absque causa coniiciam, abesse malim«. »Vos, non me respicio in hac parte«. Diese Besorgniß bestätigt sich auch bald nachher, denn auf eine Verwendung des Fürsten Johann Georg, daß Peucer von Sam. Huber angegriffen sich und Melanchthon möge vertheidigen dürfen (211), antwortet 25. Mai 1593 (213) der Administrator von Kursachsen Friedrich Wilhelm, der Fürst möge ihn davon abmahnen, „weil wir nicht sehen warum ihm zu verstatten die Kirchen dieser Lande ferner zu verwirren und unruhig zu machen, was durch ihn und seinen Anhang allbereit mehr als zu viel geschehen", sonst müsse er „ihn kraft seines Reverses in vorige Haft wiederum ein=

fordern"; „niemand habe Melanchthon ärger ausgetragen und den Leuten eingebildet, wie Peucer in seinen Scriptis selbst gethan". Für die Vereinfachung des Cultus im Anhaltischen interessirt sich Peucer sehr; »quomodo enim«, schreibt er 14. April 1596 (284), »non probarem assertionem veritatis adversus somnia delira stabilientia manifestam idolomaniam. Nec dubito illam (censuram Cels. T.) profuturam esse eradicationi reliquiarum, quae mentes plurimorum fascino inveteratae superstitionis dementatas adhuc tenent captivas, praesertim si removeantur theatrica spectacula missae Pontificiae ad idolum panis directa cum ara et eiconibus ex oculis, ipsaque ossula crucifixi imagine insignita, quod confido apud nos brevi futurum«. Am 10. Oct. 1596 ist auf einstimmigen Rath aller Räthe des Fürsten Johann Georg die Cultusänderung eingeführt, und Peucer rühmt am 11ten (295): »ego me serio et ex animo laetor servatum esse ad hoc tempus ut viderim eici ac profligari ex hac ecclesia idolum magicum tanquam nervum, qui restat unicus idololatricae et impietatis et tyrannidis Pontificum, et ab illo idolo homines reduci et converti ad dominum nostrum Jesum Christum per fidem habitantem in piorum cordibus, et uno eodemque spiritu suo sancto unientem suos insertos suo vero ac vivo corporis insitione viva ad vitam aeternam, et efficientem nos membra de membris et ossa ex ossibus suis, conformatione ad imaginem suam, quae inchoata hic consummabitur in illa aeternitate, quando videbimus Deum a facie ad faciem«. In dem letzten Briefe vom 29. April 1601 (313) heißt es: »Eo redacta est virium mearum imbecillitas animo et corpore, ut ad congressus et collationes sermonum invalidus prorsus evaserim. Maceror et conficior curis pro ecclesia et politico imperii statu, et quantum mihi suppetit adhuc roboris, hoc impendo omne precibus ad Deum et gemitibus«.

65. Röse hall. Encykl. 3, 19, S. 456.

2. Nicolaus Krell.

Wenn es zum fünften Male einigen Lehrern unserer Universität gestattet wird, einer Versammlung wie die gegenwärtige, Mittheilungen aus ihren Studien machen zu dürfen, wenn diesmal sogar, als die Ausführbarkeit schwierig schien, sehr freundliche Aufforderungen ergingen die Hindernisse zu beseitigen, so liegt darin ja wohl eine besonders beruhigende und dankenswerthe Bürgschaft für die Größe und die Dauer der Nachsicht, mit welcher unsere Vorträge hier aufgenommen sind. Desto zuversichtlicher werden auch diejenigen unter uns, welche zu einseitig sind, als daß sie anderswo als in ihrem speciellen Fache den Gegenstand ihrer Besprechung suchen könnten, um die Fortdauer dieser geprüften aber bewährten Nachsicht bitten dürfen.

Im vorigen Winter knüpfte sich der erste Vortrag an ein Verhältniß an, welches obgleich mehr als dreihundert Jahre alt noch jetzt auf uns alle einen bestimmenden Einfluß übt, nämlich an die entstandene Spaltung der evangelischen Protestanten in Lutheraner und Reformirte, und er versuchte zu beschreiben, auf welche Weise in Melanchthons letzter Lebenszeit und in den nächsten Jahren kurz nach seinem Tode seine und seiner Schüler Friedensversuche, besonders die seines Schwiegersohnes und Nachfolgers Peucer, vereitelt und vernichtet seien. Wurde auch dieser Versuch hier mit gewohnter Güte aufgenommen, so darf die schon beklagte Einseitigkeit wohl noch einmal zu dieser Nachsicht flüchten, und um Erlaubniß bitten, hier nochmals auf diesen Gegenstand zurückkommen und ihn über die Grenze der damaligen Darstellung hinaus noch bis zum Ende des 16. Jahrhunderts fortsetzen zu dürfen. An die Geschichte des kursächsischen Kanzlers Nicolaus Krell knüpft sich dieser Fortgang der evangelischen Friedensversuche in Sachsen und beinahe in Deutschland so vorzugsweise, daß es gestattet sein mag, eben diesen Mann, Nicolaus Krell, zum Hauptgegenstand des heutigen Vortrages zu machen.

Aber wie, von dieser Vorfrage müssen wir wohl ausgehen, wie kam man denn überhaupt so tief in diese Verwickelungen, wie kam man gerade auf dem Wege zum Frieden und durch die großen Anstrengungen dafür immer tiefer in den Unfrieden hinein? Die deutsche Reformation, wie sie begonnen hatte, die weitgehende Umbildung der vorgefundenen Lehre und Verfassung, welche sie nach sich gezogen hatte, die Möglichkeit aus ihren Principien noch Consequenzen weiterer Umgestaltungen bis zum Umsturz alles Bestehenden abzuleiten und die Art, wie im Bauernkriege, bei den Wiedertäufern und sonst (Luther fand leider auch von den Schweizern) solche nicht mehr lutherisch maaßvolle Folgen theoretisch und praktisch abgeleitet waren, dies alles steigerte das Bedürfniß eines Haltes, eines Ruhepunctes und Abschlusses erst zur Aneignung und Durcharbeitung der so großen und so plötzlich gewonnenen Errungenschaften. Darin lag fast schon das Bedürfniß einer neuen Autorität, welche allein diese jetzt nothwendige Beruhigung und Feststellung zu gewähren vermochte, und darum, daß die Reformatoren selbst, wie wenig sie auch auf diese Stellung Anspruch machten, doch jetzt selbst mit dem was ihnen in der Reinigung der Lehre nach dem Evangelium gelungen war, zu Autoritäten werden mußten. Die heilige Schrift ist viel zu umfangreich und oft zu vieldeutig, als daß irgend ein Christ, welcher sich auf sie beruft, es wirklich jemals vermocht hätte, bloß sie allein als Norm anzuwenden; er kann niemals umhin, zu seinem

Schöpfen aus der heiligen Schrift stets noch anderswoher ein zwiefaches hinzuzubringen, wodurch was er schöpft mitbestimmt wird, die Auswahl und die Auslegung, d. h. 1, das Urtheil in diesen Worten der Schrift stehen die Fundamentalartikel, die allem übrigen überzuordnenden Hauptsachen, und 2, so sind sie zu verstehen. Dies zwiefache können nun die Einzelnen aus eigenen Mitteln, aus eigenem Urtheil hinzuthun; eben dies kann ihnen aber auch durch neu herzutretende Autorität geliefert und dadurch auch ein Auseinandergehen nach zu vielerlei Auswahl und Auslegung in der Schrift verhütet werden; und eben dadurch entstehen Confessionen in der Christenheit, daß eine Lehre über das was das Fundamentale in der Schrift sei und wie es zu verstehen sei bei Vielen Autorität erhält und sie dadurch enger verbindet. Hier aber wurde nun für die entstehende lutherische Kirche und Theologie dies verhängnißvoll, daß man im Fordern von Autorität zu weit ging, sei es aus heftigem Verlangen nach endlichem Zuruhekommen oder aus Trägheit oder aus Herrschsucht oder aus Furcht vor Unfrieden, daß man sich nicht begnügte, von den Reformatoren das zum gemeinsamen Bekenntniß ausreichende, d. h. die Belehrung darüber anzunehmen, was die fundamentalen Artikel in der Schrift und wie sie zu verstehen seien, sondern daß man in dem Verlangen möglichst Alles fixirt und normirt zu sehen am liebsten ohne Unterschied alles und jedes was die Reformatoren gelehrt hatten, und was in ihren Schriften vorkam, als Norm anerkannt wünschte; denn nicht nur verkannte man darüber die nothwendige Grenze zwischen festzustellendem Bekenntniß für Alle, und stets fortzubildender also nicht zu fixirender Theologie nicht für Alle, sondern erst dadurch mußte es nun verderblich werden, daß beide deutsche Reformatoren, Luther und Melanchthon, wie einig und einmüthig sie auch in dem Fundamentalen und wahrhaft Confessionellen waren, allerdings im weiteren Detail ihres Schriftverständnisses nicht unbedeutend von einander abwichen, und daß nun, wenn einmal alles bei ihnen Autorität haben sollte, Widersprechendes zur Autorität erhoben werden, oder Streit und Parteinehmen bloß für den einen und gegen den andern ausbrechen mußte. Dies beides blieb auch nicht aus; in der Mitte des 16. Jahrhunderts schwankte unter den Lutheranern über ein Menschenalter hindurch der Kampf darüber, ob Luther oder Melanchthon als Autorität übergeordnet werden müsse. Aber nach der ungleichen Eigenthümlichkeit beider, und demnach auch derer, welche dem einen oder dem andern folgten, enthielt ihr Parteinehmen auch zugleich eine Entscheidung für oder wider die Union mit den Anhängern der schweizerischen Reformation. Luther hatte sich, wenn auch nicht immer, doch so oft so heftig gegen Gemeinschaft mit diesen erklärt, daß darauf hin Verwerfung dieser Gemeinschaft selbst für etwas zum vollen Lutherthum gehöriges angesehen werden konnte. Melanchthon umgekehrt hatte die Spaltung stets so tief beklagt, daß er, wenn sie nicht noch zu heilen war, beinahe ein Mislingen der ganzen Reformation darin sah, deren Gegner er durch nichts so sehr als durch diesen Unfrieden ihrer Anhänger davon zurückgehalten sah; er hatte darum die Union mit den Schweizern stets dringend gewünscht, und obgleich er sich seiner partiellen Abweichung von ihrer Lehre sehr wohl bewußt war, darin aber bei dem großen Maaß des Consenses mit ihnen nicht Grund genug fand zur Spaltung, hatte er die Union wenigstens in seiner Seele vollzogen, und sie auch für andere um so viel als annehmbar erkannt, als ihm der Unterschied nicht fremd war zwischen Fundamentalen, worüber man einig sein müsse, und theologischen Nebenbestimmungen, welche man einander freigeben könne; mit der bloßen Möglichkeit der Annäherung an die Schweizer war zugleich noch die einer Fortbildung eigenen Theologie statuirt. Vielleicht gibt es jederzeit mehr exclusive und mehr expansive Naturen, mehr Haß- und mehr Liebebedürftige, mehr Kriegs- und mehr Frieden suchende, mehr der Zucht und mehr der Freiheit vertrauende, und danach ein Parteinehmen; hier schaarte sich nun um Luthers Namen der sehr große Haufe derer, welche von einer Autorität, welche sie für sich und noch mehr für andere suchten, auch die vollendete Festigkeit forderten, daß man nicht mehr darüber zu denken, sondern nur dafür zu streiten brauchte, ein Fertigsein, welches alle weiteren Mühen der theologischen Untersuchung nicht nur als entbehrlich, sondern als gefährlich, alles Rütteln an dem Statusquo der errungenen Lehre z. B. durch neue Unionserwägungen, als Treubruch und Verrath erscheinen ließ, allerdings auch dies noch in dem Bedürfniß nach einem längeren Zuruhekommen, welches die Reformation erzeugt hatte und die Autorität Luthers befriedigte. Aber wer noch durch Urtheil und Selbstbeobachtung um die ungleiche Beglaubigung und Gewißheit mancher Lehrstücke, so wie um die ungleiche Dignität mancher derselben für das Fundament des Glaubens wußte und dadurch fähig wurde, auch partiellen Dissens erklärlich und erträglich zu finden, wer dabei die Agitation zum Haß gegen die Reformirten und den Wahn, als sei dieser Haß selbst Religion, für das Verderben der darin aufwachsenden Generation erkannte, der mußte wohl sehnsüchtig auf den Melanchthon zurückblicken, welcher alle diese Früchte der Unverträglichkeit im voraus beklagt hatte, und mit ihm den verlorenen Frieden möglich und dringend wünschenswerth finden. Partei freilich waren die einen und die andern bereits im Laufe der Jahre geworden, und wo zwei große und alte Parteien sind, da sind ihrer immer vier, nämlich Gute und Schlechte auf beiden Seiten; aber das hatten die Philippisten doch immer vor den lutherischen Eiferern voraus, daß sie das Ziel christlichen Lebens, Friede und Freude im heiligen Geist, nicht vor lauter Hader vergessen hatten, und daß sie des Volks jammerte, welchem für Brot des Evangeliums, wonach es verlangte, der Stein der Polemik gereicht und dadurch ein Schaden an der Seele zugefügt wurde. Und die Ungerechtigkeit hatten die strengen Lutheraner fast immer gegen sich, daß sie jeden z. B. jeden Anhänger Melanchthons, welcher bloß wie Melanchthon selbst die Gemeinschaft mit den Calvinisten zulässig und wünschenswerth fand, dafür nun selbst Calvinist und Sacramentirer nannten und ihm die Absicht unterschoben, mit seiner Friedliebe nur Abfall vom Lutherthum und Uebertritt zum Calvinismus bei sich selbst verbergen und bei andern bewirken zu wollen.

Das lange Fortbestehen beider Parteien neben einander war nun aber in dem deutschen Lande, auf welches in Sachen der Reformation am meisten ankam, in Kursachsen auch durch den

Fürsten besonders befördert, welcher dasselbe in der Mitte des 16. Jahrhunderts über dreißig Jahre beherrschte. Der Kurfürst August hatte zuerst, und während der bei weitem längsten Zeit seiner Regierung, Melanchthon und seine Schüler gewähren lassen, hatte ihrer Leitung Kirchen und Schulen anvertraut, hatte durch sie und nach ihrer Auswahl die erstere größere Sammlung lutherischer Bekenntnißschriften, darin die für die Annahme der Reformirten veränderte Augsburgische Confession, einführen und ausbreiten, wenn auch nicht beschwören lassen; er hatte, als seine Vettern in den sächsischen Herzogthümern hiergegen gerade das antimelanchthonische und antiunionistische Lutherthum emporbrachten, wieder dagegen Opposition machen lassen, noch zuletzt bis zu massenweisen Absetzungen streng lutherischer Geistlichen, als ihm vorübergehend die Verwaltung der Herzogthümer zufiel. Doch als nach dem Tode des letzten Sohnes des verdrängten Kurfürsten Johann Friedrich die Gründe zu solcher Opposition sich verminderten, ließ er sich von seiner dänischen Gemahlin Anna und von der bis dahin zurückgesetzten oder doch noch nicht alleinherrschenden antimelanchthonischen Partei an seinem eigenen Hofe bewegen, plötzlich diese und ihre Richtung als allein lutherisch anzuerkennen. Er war dabei schwach genug sich diesen Systemwechsel dadurch erleichtern und beschönigen zu lassen, daß er sich vorschmeicheln ließ, er habe eigentlich stets dasselbe gewollt und sei nur lange hintergangen, und er dürfe und müsse seine nicht verantwortlichen Räthe für das verantwortlich machen und bestrafen, was er mit Melanchthon und mit ihnen bisher als lutherisch befördert hatte, und was jetzt sollte calvinisch gewesen sein. Bloß ganz zuletzt scheint auch er noch Verdacht geschöpft zu haben gegen die Art, wie man ihn hier geführt hatte; Jakob Andreä ward ziemlich ungnädig entlassen, Landgraf Wilhelm hörte den Kurfürsten sagen, er wolle 400,000 Thaler dafür geben, wenn er damit ungeschehen machen könnte, daß er ihn nach Sachsen habe kommen lassen; der Tod der „Mutter Anna", die neue Heirath mit der jungen anhaltischen Princessin, die Befreiung Peucers ließ die antimelanchthonische Partei schon wieder für ihre kaum gewonnene Herrschaft fürchten und die Philippisten hoffen, als gerade um diese Zeit 1586 der Kurfürst August starb.

So galt es nun für beide noch bestehende Parteien den Nachfolger und den Einfluß über diesen in den kirchlichen Angelegenheiten einander abzugewinnen. Aber ein Thronfolger pflegt die unter seinem Vorgänger zuletzt zurückgesetzte Partei, welche schon bei dessen Lebzeiten ihre Klagen gegen ihn auszuschütten sucht, hervorzuziehen und zu trösten, und so geschah es auch hier. Kurfürst Christian I., welcher im Frühjahr 1586 seinem Vater August 25 Jahr alt folgte, scheint von jeher keine Freude gehabt zu haben an der Art, wie dieser durch die Einführung der Concordienformel die gegen die Reformirten versöhnlichere lutherische Theologie in Melanchthons Weise hatte unterdrücken lassen, und dadurch sich und sein Land wohl dem Kaiser genähert, aber von den reformirten Mitprotestanten unheilbar losgerissen hatte, und nun auch in den Kirchen seines Landes die Scheidewand gegen die reformirten Glaubensgenossen, das maaßlose Eifern gegen sie über die dadurch nicht erbauten sondern verleiteten Gemeinen verhängt hatte. Er hat lebenslang versichert, er wolle bei der lutherischen Lehre bleiben, aber er verstand darunter das altsächsische weitherzigere Lutherthum, in welchem er aufgewachsen war, nicht das neue erst durch die letzten schwäbischen Rathgeber seines Vaters eingeführte exclusive der Concordienformel, und er hat diese neue den Reformirten feindlichste oder allein feindliche Bekenntnißschrift, die Errungenschaft und den Stolz seines Vaters, welcher nach seinem eigenen Vorgange alles zur Unterschrift derselben anhielt, selbst niemals mit unterschrieben. Vielmehr gab er sich ganz der Leitung und den Neigungen seines Schwagers hin, und das war jener Pfalzgraf Johann Casimir, welcher seit vielen Jahren schon neben seinem Vater Kurfürst Friedrich dem Frommen und dann nach dessen Tode an dem Wohl und Wehe der französischen und niederländischen Protestanten lebhaften Antheil genommen, ihnen Hülfe geworben und selbst Kriegsdienste für sie geleistet hatte, und welcher jetzt gerade als Regent der Kurpfalz die dort unter seinem Bruder Ludwig sieben Jahre lang versuchte Einführung des Lutherthums wieder zu beseitigen, und zugleich alle französischen, englischen, niederländischen und deutschen Freunde der Reformation und Feinde des Papstthums und Spaniens zusammenzuhalten beschäftigt war. Kurfürst Christian hatte wohl nicht so viel Ernst, nicht so viel kirchliches Interesse als sein Vater; er scheint von Trunkliebe, von Arbeitsscheu nicht frei gewesen zu sein; es war erlaubt, daß er seltene Pferde sammelte und prächtige Marställe baute von den 17 Millionen, welche ihm sein Vater nachgelassen hatte, wenn auch nicht in dessen Weise. Aber damit müssen sich wichtigere Vorzüge vertragen haben; Thuanus nennt ihn einen adolescens rasti animi und Pfalzgraf Casimir, beträchtlich älter und erfahrener als der Kurfürst, nannte, und das ist ein starkes Zeugniß für diesen, „seinen Christian", noch fast sterbend, „seinen treusten Helfer für das Wohl der Kirche und des Vaterlandes"[1]. Aber gerade bei diesen Hülfleistungen, welche dem Pfalzgrafen besonders werth waren, hatte der Kurfürst selbst noch einen überaus thätigen Helfer, welcher bei dem Eingehen auf diese zugleich kirchlichen und politischen Unionsgedanken, bei Erwägung der dafür zu ergreifenden Maßregeln und bei Ausführung derselben das Beste thun mußte. Nikolaus Krell, 1550 oder 1553 als der Sohn eines Professors der Rechte zu Leipzig geboren, auf sächsischen Schulen und dann seit 1571, also noch vor dem Systemwechsel Augusts, in Leipzig gebildet, hatte sich seit 1576 als Dr. der Rechte und als Advocat so sehr durch seine Geschicklichkeit ausgezeichnet, daß noch Kurfürst August ihn im Jahre 1580 zum Hofrathe ernannte und daß schon damals ihm zu Ehren eine große Denkmünze geschlagen wurde[2]. Krell wurde dabei nicht zur Unterschrift der Concordienformel angehalten und dies Zugeständniß, welches der Kurfürst August auch einzelnen andern Rechtsgelehrten nicht versagte[3], bezeugt in höherm Grade die Schätzung dessen, der es gewährte, wie die Unabhängigkeit dessen, der es empfing, der sich also doch auch nicht gescheut hatte, aus Ehrlichkeit etwas so Mißliebiges sich auszubedingen. Krell wurde trotzdem 1581, wo eine besondere Hofhaltung für den Kurprinzen eingerichtet wurde, diesem beigesellt, und so mögen schon von dieser Zeit an beide sich in dem Mißfallen an dem letzten Theologenregiment unter August und an den Früchten davon im Inlande wie gegen das Ausland gefunden haben. Krell scheint auch sonst ganz der zuletzt unterdrückten philippistischen Partei angehört zu haben, welche besonders auf den beiden Landesuniversitäten und unter den dort Gebildeten in den mittleren Klassen der Gesellschaft verbreitet war, während die conservative streng lutherische Partei noch seit der Zeit, wo sie am Hofe das Uebergewicht gewannen, unter dem Adel und in den untersten Klassen ihre zahlreichen Anhänger hatte. Krell war kein vielseitiger Gelehrter, nicht theologisch und christlich tief erregt und gebildet wie Peucer, mit welchem er aber befreundet war; er war vor allem rastloser Geschäftsmann und Rechtsgelehrter, nicht ohne ein wenig Geringschätzung der Theologen überhaupt; doch versichert er, auf Rath seines Vaters Melanchthons Schriften sehr fleißig gelesen und mit der heiligen Schrift verglichen, aus Calvins Schriften aber nichts gelernt zu haben. Aber dies und was sonst vorlag genügte, ihn erkennen zu lassen, was durch die letzten kirchlichen Operationen Kurfürst August's und durch die Unterdrückung der Schule Melanchthons an den sächsischen Universitäten, an der dort gebildeten Generation der Geistlichen, an der Einwirkung derselben auf die Gemeinen und an den Verhandlungen zu den außerdeutschen Protestanten verschlimmert war, und diese Anschauungen theilte nun auch der neue Kurfürst. Im Februar 1586 war Kurfürst August gestorben; im Mai wurde Krell vom Kurfürsten Christian zum Geheimen Rathe ernannt, und wurde von hier an so sehr sein vornehmster Minister, daß wenigstens von allem, was unter seinen Regierungsmaßregeln Mißfallen erregte, bloß Krell als der Urheber und Anstifter betrachtet wurde; alle diejenigen, welche die Leitung des Kurfürsten ungern in andern Händen sahen als in ihren eigenen, die Gemahlin des Kurfürsten Sophia aus dem brandenburgischen Hause, auf welche die alten Hoftheologen als auf eine rettende Esther hofften, der in den Landständen fast allein herrschende Adel, welchem der bürgerliche Minister schon als solcher zuwider war, und weil er ihn wenig fragte und in einigen Fällen ihnen für den Kurfürsten Vortheile abgewann, auch gegen die

Unwissenden und Unthätigen darunter seine Geringschätzung nicht
zurückhielt⁴, dann die in den letzten zehn Jahren vorgeschobenen
Geistlichen mit einem großen von ihnen im Calvinistenhaß bewahrten
Theil des Volks hinter sich, dazu auch alle auswärtigen kaiserlich
gesinnten Gegner einer Annäherung Kursachsens an die außer=
deutschen Protestanten, alle diese, welche sich den Kurfürsten und
seine Zukunft noch gern hatten erhalten wollen, wälzten die
Schuld von allem, was Krell ohne eigene Verantwortlichkeit bloß
im Namen und Einverständniß seines Fürsten that, von diesem
ab und auf Krell allein.

Die erste bedeutende Maßregel, welche hier von beiden er=
griffen wurde, war die, daß die unter August 1581 eingeführte
allgemeine Verpflichtung auf die Concordienformel durch Unter=
schrift, welcher sich der Kurfürst selbst und Krell nicht unterworfen
hatten, nun auch von andern nicht mehr gefordert, sondern abge=
schafft ward; auch schon bei der Huldigung war sie unerwähnt
geblieben⁵. Schon dies war allerdings ein großer Schritt zur
Herstellung des Friedens unter den Protestanten, wenn doch mit
der Concordienformel die Pflicht, die Calvinisten zu verdammen
und die vornehmste Scheidewand gegen sie wieder beseitigt und
die Möglichkeit eines freundlichen Verkehrs mit ihnen wieder er=
öffnet war; aber es war auch nichts mehr als dies; ein anderes
ist, jemand ertragen wollen, ohne ihn zu schelten, ein anderes, zu
ihm übergehen; es war durchaus keine positive Anerkennung cal=
vinistischer Lehre, kein Aufgeben des Lutherthums, keine Aenderung
des Bekenntnisses, weil es ja doch in Sachsen bei der Augsburgischen
Confession und bei allen übrigen lutherischen Bekenntnißschriften
des Corpus Philippicum bleiben sollte, und das galt zuletzt von
allen Maßregeln Krells, der nicht selbst calvinisch sein und werden
und nicht andere dazu machen wollte, und so enthielt insofern der
Name kryptocalvinistisch damals, wie früher unter August, eine
Unwahrheit und eine Verleumdung. Der Eindruck war zwiefach;
auf den Universitäten athmeten die seit 1574 gemishandelten
Philippisten auf; am Hofe, unter dem Adel, oder wo man sonst
zwischen philippistisch und calvinistisch und revolutionär und gottlos

nicht mehr unterschied, sah man schon wieder, wie vor zehn Jahren, ein Attentat, Sachsen ohne sein Wissen und Willen calvinisch machen und um seine Seligkeit bringen zu wollen. Schon im folgenden Jahre 1588 hielt sich ein älterer Hofprediger für verpflichtet als Ankläger aufzutreten. Martin Mirus, einst vom Kurfürsten August statt verdrängter strenger Lutheraner in Weimar eingesetzt, und sogleich darauf, als er selbst wechselte, von ihm bei der Vertreibung der Philippisten verwandt und zum Hofprediger erhoben, hatte schon seiner Leichenpredigt auf den verstorbenen Kurfürsten den Text 2 Kön. 22 zum Grunde gelegt, „ich will dich zu deinen Vätern sammeln, daß du mit Frieden in dein Grab versammelt werdest, und deine Augen nicht sehen all das Unglück, das ich über diese Stätte bringen will", und so richtete er nun im October 1587 eine Beschwerde an den Kurfürsten, es verbreite sich allgemein die Klage, daß man alles calvinisch machen wolle, daß die Juristen in Wittenberg und der Rector in Meißen durch Irrlehre die Jugend verdürben, daß Calvinisten ohne Unterschrift der Concordienformel in die Universität eingeschleift würden und alte Mitglieder derselben abgesetzt werden sollten, um ihnen Platz zu machen; er bittet um ein kurfürstliches Edict, daß in Kursachsen keine andere Religion als die lutherische geduldet werden solle. Der Kurfürst ließ hierauf beide, Krell und Mirus, vor sich auf die Rathsstube fordern, und beide sich gegen einander aussprechen, und hier (die Acten sind noch vorhanden*), hielt Krell seinem Gegner besonders schlagend entgegen, daß man das Wort calvinisch nicht ungenau und unwahr und verleumderisch gebrauchen dürfe, oder „erst sei zu beweisen, daß Melanchthon calvinisch gewesen sei"; er, Krell, habe Zeit seines Lebens aus Calvins Büchern nichts gelernt, aber was er aus Melanchthons Büchern gelernt, das habe er nachgeschlagen und Gottes Wort gemäß gefunden; er sei ein Christ, und wie schon der Apostel verboten habe, sich apollisch oder kephisch zu nennen, so habe auch Luther geboten, sich nicht nach ihm zu nennen. Mirus dagegen, als die von ihm verlangten Beweise dürftig ausfielen, verwies auf die Zukunft, welche es lehren werde, bat aber, daß den kurfürstlichen Räthen befohlen werden möge, zu ihm zur Beichte zu kommen, dann werde sich finden ob sie Calvinisten seien oder nicht. Krells Anerbieten, sein Glaubensbekenntniß schriftlich einzureichen, ward angenommen, und dies fiel ebenfalls dahin aus, daß er zwar nicht mit der Concordien= formel die Gegenwart Christi im Abendmahl durch dessen Theil= nahme an der göttlichen Allgegenwart zu erklären vermocht hatte, aber sich sonst für eine nicht bloß geistige sondern auch leibliche Gegenwart im Sacramente gegen zwinglische und calvinische Be= stimmungen derselben aussprach. Mirus aber, obwohl zum Frieden und zu größerer Vorsicht bei seinen Anschuldigungen aufgefordert, denuncirte noch in demselben Monate beim Kurfürsten auch seinen Collegen Johann Salmuth, freilich auch einen erst kürzlich ange= stellten Hofprediger aus der philippistischen Schule, weil er auf der Kanzel gerühmt habe, die Calvinisten hätten denselben Glauben und von ihren Irrthümern und Gotteslästerungen geschwiegen, auch ihn selbst und andere treue Prediger, welche das nicht thäten, als Friedensstörer bezeichnet hätte; er wurde, da dies wieder nicht zu beweisen war, auf's Neue zum Frieden ermahnt. Endlich im Sommer 1588, als er dem Kurfürsten mit einer Freimüthigkeit, welche einer bessern Sache werth gewesen wäre, wegen eines Trink= spruchs bei einer Taufgesellschaft mündliche Vorstellungen gemacht hatte — „es gilt allen ehrlichen Gesellen, die weder Calvinisten noch Flacianer sind, ich Christian bin keins von beiden, sondern gut christlich, und will, was ich jetzt sage, in der dritten oder vierten Predigt hören" —, als er ihm erklärt hatte, der Kurfürst dürfe dem heiligen Geiste das Maul nicht stopfen, und dieser ungeduldig entgegnet hatte, wohl aber ihm, und er möge sich packen oder er werde ihm Füße machen, und als Mirus nun auch gegen den Kurfürsten selbst zu predigen anfing, da wurde Mirus durch ein Schreiben des ganzen zahlreich besetzten Geheimen Rathes aufgefordert, sich wegen seines Trotzes und seiner Unbescheidenheit vor versammeltem Rathe zu verantworten. Und als er sich wider= setzte, er brauche hier nicht zu reden, er sei der Beichtvater des Kurfürsten, welcher dem Strafamte zuschreiben möge was geschehen sei, und nicht befugt sei ihm das Predigtamt zu untersagen, aber von gottlosen Menschen rühre die ganze Anklage her, von Krell und seinem Conventikel, da wurde er zu einer Haft zuerst in seinem Hause und dann auf dem Königstein verurtheilt, von wo man ihn dann nach einigen Wochen nach Jena auswandern ließ. Aber gleichzeitig erschien nun bei dieser Gelegenheit ein allgemeineres kurfürstliches Edict vom 28. August 1588, welches nun überhaupt nach dem Vorgange einer ganz ähnlichen Verordnung Kurfürst Augusts vom Jahre 1566 das Streiten oder, wie es hieß, das „ärgerliche Gebeiß, Gezänk und Verdammniß auf der Kanzel, besonders das Lästern und Schänden der Personen verbot, deren falsche Lehre sollte gar wohl verworfen und des heiligen Geistes Lehr- und Strafamt frei und ungehindert getrieben werden, aber, wie schon Kurfürst August verboten habe, ihre eigenen Affecte und solche Händel, so eigentlich in die Schulen gehörten, sollten die Prädicanten nicht mehr auf die Kanzel bringen, da dies mehr zur Zerrüttung denn zur Erbauung der christlichen Gemeinen gereiche" [7]. Daneben führte eine kurfürstliche Landtagsproposition von demselben Jahre 1588 die Gründe aus, weshalb eine Erneuerung der Vorschrift „gegen das unchristliche Schmähen, dadurch die Zuhörer und vornehmlich die armen Laien irre gemacht werden", dringend nöthig gewesen sei; es sei immer nur getrachtet, die Lehre des göttlichen Worts nach dem Bekenntniß im corpus Phil. und nach den Lehrschriften Lutheri und Philippi (die Concordienformel blieb unerwähnt) in Kirchen und Schulen wie im ganzen Lande zu erhalten, und so möge niemand „einige Gedanken fassen, daß es etwan anderer Ursachen halber geschehe, wenn einige Prediger von solchem unruhigen Wesen nicht abständen und wenn dann ihre Stellen mit christlichen friedliebenden Personen, so das Wort Gottes lauter und ohne Einmischung einiger Affecten predigten, besetzt werden müßten". Die Universitäten, Prälaten und Stifter hatten hierauf nur Worte des Dankes, und sprachen noch ausdrücklich den Wunsch aus, daß die Streitschriften Luthers nicht möchten auf die Kanzel gebracht werden dürfen, da eben sie von „Friedhässigen zur Erregung unnöthiger Gezänk gemißbraucht werden könnten". Aber Ritterschaft und Städte sprachen freilich die

Besorgniß aus, die Calvinisten möchten das Mandat so aufnehmen, als wenn es „zu Beschützung und Deckel ihres Ungrundes ausgegangen sei", und es sei daher noch eine weitere Erläuterung desselben zu wünschen daß dies nicht die Meinung sei, und daß den Predigern unbenommen sein sollte mit bescheidenen Worten die calvinische und andere falsche Lehre zu strafen. Doch darauf wird ihnen erwidert, es werde einer solchen Erklärung nicht bedürfen.⁵

Noch schwerer wurde es von dieser Partei empfunden, daß jetzt auch bei Besetzung der geistlichen Stellen und der Lehrämter auf den Universitäten die Philippisten nicht mehr gedrückt, sondern vorgezogen und die strengen Lutheraner wenigstens nicht mehr wie unter August begünstigt wurden. Neben Jakob Andreä hatten einst noch ziemlich viele seiner schwäbischen Landsleute, mit ihm eingewandert, sich die durch die erste Verdrängung der Philippisten erledigten sächsischen Lehrstellen gefallen lassen; von diesen erhielt der Theolog, welchen man nicht den gelehrtesten aber den schönsten zu nennen pflegte, Polykarp Leyser in Wittenberg schon 1587, als er nach Braunschweig berufen ward, den Bescheid, man wolle seinem Glücke nicht im Wege sein; im Jahre 1589 ließ man auch G. Myllus nach Jena abziehen, wohin Mirus vorangegangen war. Auch noch andere suchten und fanden Anstellungen in norddeutschen Städten, den alten Asylen des strengen Lutherthums, Nikolaus Selnecker, der Mitarbeiter an der Concordienformel, in Hildesheim, Christoph Silbermann in Zelle, Theodosius Fabricius in Göttingen⁶; von Bedrückungen und Mißhandlungen, wie sie einst über Peucer und andere verhängt waren, ist nicht die Rede. Von andern Orten neu berufen wurden aus dem Brandenburgischen, wo der Kurfürst selbst ihn kennen gelernt, Urban Pierius, zuerst 1588 als Superintendent nach Dresden und dann 1589 nach Wittenberg; an Mirus Stelle Gregor Schönfeld, derselbe der später hier in Marburg die für die Bilder aufgeregten Bürger zur Ruhe predigen mußte, aber dabei in der lutherischen Kirche fast erschlagen wurde; nach Dresden als Hofprediger auch noch Johann Salmuth und David Steinbach; in den Consistorien so wie auf

den beiden sächsischen Universitäten gab es auch noch alte Philippi=
sten, unter denen Christoph Gundermann in Leipzig von Krell
selbst als zu weitgehend bezeichnet wurde.

Von einigen von diesen ging nun auch nach Krells Ver=
sicherung, aber mit seiner Begünstigung, das Unternehmen aus,
eine Ausgabe der lutherischen Bibelübersetzung mit praktischen
deutschen Anmerkungen bearbeiten zu lassen; auch dies mit Willen
des Kurfürsten, welcher in einem seiner Schlösser ein Zimmer für
die Bearbeiter einräumte und auch die Kosten bewilligt haben muß;
Salmuth war der Hauptbearbeiter, Steinbach und Pierius Mit=
arbeiter, Salmuth erhielt noch im Jahre 1591 vom Kurfürsten
eine Belohnung von 500 Thaler dafür; es sind auch wirklich auf
beinahe hundert Druckbogen die ersten Bücher des Alten Testaments
von dieser nachher bisweilen calvinisch oder crellisch genannten
Bibel fertig geworden. Und freilich hatten nun hier nicht Krell,
sondern die theologischen Bearbeiter hin und wieder Gelegenheit
genommen, der Lehre von Christo und von den Sacramenten in
einer mehr als melanchthonischen Weise zu gedenken; so wenn es
angedeutet war, daß die Gottlosen den wahren Leib Christi im
Abendmahl nicht empfingen, daß man die Herzen dabei zum Himmel
erheben müsse und dort Christum suchen, daß der Leib Christi
nicht zugleich im Himmel und auf Erden sein könne und daß die
Allgegenwart seiner menschlichen Natur eine verwerfliche Lehre sei,
daß die Obrigkeit wohlthue papistische Bilder und Altäre aus den
Kirchen wegnehmen zu lassen, u. s. f.[10] Das Werk war so
umfangreich angelegt, daß wenn es fertig geworden wäre, es
mehrere Foliobände ausgemacht haben würde, und die Aufregung,
die von Folianten in das Volk ausgeht, pflegt gering zu sein;
dennoch fand man hier ein Attentat gegen die Autorität der Bibel
und Luthers zugleich, und sofern die Theologen hier solche Polemik
auch für einzelne Parteimeinungen nicht eben an einer angemessenen
Stelle unter viele andere eingestreut hatten, so daß sie nicht so=
gleich bemerkt wurden, war vielleicht in diesem Zuge einmal etwas
geschehen, wofür sie, nicht Krell, der geheimen Empfehlung cal=
vinischer Lehren mit irgend einem Grunde beschuldigt werden konnten.

Auch geschah es erst um diese Zeit im Juni 1589, daß Krell vom Kurfürsten Christian nun auch zum Kanzler der Regierung erhoben wurde, und dies erregte dann um so mehr neuen Neid und Haß gegen den Begünstigten, weil nun zugleich der bisherige Kanzler Dr. David Peifer, der lange schon unter August auch bei Einführung der Concordienformel vorzüglich mitgewirkt hatte, von dieser Stelle weichen mußte und noch mehr, weil dadurch erst alle bisher vom Geheimen Rathe besorgten Geschäfte ihm zufielen und der Geheime Rath fast außer Thätigkeit kam¹¹. Schon nicht ohne ein Vorgefühl dieses des dadurch besonders bei dem Adel bewirkten Hasses und Neides scheint Krell widerstrebend die gefährliche Stelle eingenommen zu haben, denn er verwahrte sich dadurch, daß er sich in einer sehr ausführlichen Bestallungsurkunde vom Kurfürsten zweierlei bestimmt zusichern ließ, „1. wenn seinethalben von jemand ichtwas geklagt oder uns fürgebracht würde, dann werde der Kurfürst vor allen Dingen seinen Bericht und Verantwortung von ihm einnehmen", und 2. da er auf Veranlassung der schon vorgekommenen Streitigkeiten „der Religion und Freiheit seines Gewissens habe gedenken müssen, und sein Bekenntniß in Religionssachen übergeben haben, so wolle der Kurfürst ihn bei solcher seiner Confession gnädigst verbleiben lassen und ihn in dem und sonsten wider alle Unbilligkeit und Beschwerung, die ihm in diesem Kanzleramte begegnen möchten, jederzeit schützen"¹².

Diese Zusicherungen machten Krell durchaus nicht leichtfertig etwa nun zu einem offensiven Verfahren in der Weise, wie einst bei Einführung der Concordienformel verfahren war und zur Vergeltung dafür; aber für den Wunsch, den er hatte, das sächsische Volk mehr von dem blinden Hasse gegen die Reformirten abgebracht zu sehen, mehr Theilnahme an deren Schicksalen darin erweckt, mehr Scheidewände und Unterscheidungszeichen, die nicht unveränderlich waren, beseitigt zu sehen, für diesen Wunsch, durch dessen Verwirklichung so unzweifelhaft das Beste nicht nur der Reformirten, sondern auch der Lutheraner selbst befördert wurde, hielt er sich auch als Kanzler in Einverständniß mit seinem Fürsten fortzuwirken für verpflichtet. Vorzüglich noch in zwei Fällen, der eine mehr politischer, der andere mehr kirchlicher Art.

Durch den Tod König Heinrichs III. von Frankreich war gerade jetzt 1589 Heinrich von Navarra König Heinrich IV. in Frankreich geworden, aber dort durchaus noch nicht Herr; sein Unterliegen aber konnte für eine Niederlage des Protestantismus in ganz Europa, sein Sieg für eine Rettung desselben gelten, welche er den französischen Protestanten ja auch trotz seines Uebertrittes noch zuletzt in dem Edict von Nantes erwarb; damals aber war auch dieser Uebertritt noch nicht geschehen und um so viel mehr Grund, ihm wenn man konnte zu helfen; und auf die Bitten um solche Hülfe, wie er sie durch seine Gesandten an alle protestantischen Fürsten ergehen ließ und wie auch die Königin Elisabeth sie unterstützte, gingen auch die beiden Schwäger, Pfalzgraf Johann Casimir und Kurfürst Christian eifrig ein; der Kurfürst war selbst schon zum Anführer des Hülfsheeres bestimmt, welches nach Frankreich abgehen sollte, und konnte mit seinem großen Schatze das beste zur Aufbringung von Truppen thun, doch auf einer Versammlung zu Kassel vereinigten sich auch Würtemberg, Hessen, die sächsischen Herzoge mit ihm zu Beiträgen, und so war es ja wohl kein Hochverrath, wenn sich auch Krell über das Gelingen dieser Sache freute und die sächsischen Junker zur Theilnahme aufforderte; mit 24 Pferden wollte er selbst mitziehen, sagte er, wenn er nur frei wäre¹³. Aber die Landschaft freilich und vielleicht auch der Geheime Rath war wegen der Theilnahme des Kurfürsten nicht befragt, da auch keine Bewilligungen dazu verlangt waren; und noch weniger hatte man mit katholischen Mächten über eine zum Schutz des Protestantismus bestimmte Maßregel vorher unterhandelt, und so war es vollkommen richtig, daß man Kaiserliche Majestät in Wien oder Prag nicht um Erlaubniß zu solcher Verwendung deutscher Streitkräfte gebeten hatte, aber auch vollkommen perfide, daraus einen Vorwurf zu machen und diesen nachher selbst am kaiserlichen Hofe zu benutzen. Der geringe Erfolg der Unternehmung konnte auch dem Minister nicht deshalb als Schuld angerechnet werden, weil sein Fürst mit vielen andern daran Theil genommen hatte.

Noch viel größere Bewegungen in Sachsen erregte eine an sich viel geringere Maßregel kirchlicher Art, durch welche ebenfalls in einem Falle, wo kein eigentliches Glaubensinteresse entgegenstand, eine zulässige Annäherung an die Reformirten bewirkt und ein trennendes Unterscheidungszeichen beseitigt werden sollte; aber der Religionshaß liebt freilich die Scheidewände um ihrer selbst willen, und darum auch die ganz grundlosen. Der Gebrauch des Exorcismus, der Austreibung des Teufels aus den Täuflingen mag im dritten und vierten Jahrhundert der Kirche, wo er zuerst mit der Taufe in Verbindung erscheint [14], natürlich und verständlich genug gewesen sein bei der damals noch gewöhnlichen Taufe der Erwachsenen als ein starker Ausdruck für die Fürbitte, daß das bisherige heidnische sündliche Leben eines solchen nun aufhören und der oder das Böse Raum geben möge dem heiligen Geiste. War dieser Ritus mit den meisten andern nun auch bei der Kindertaufe üblich geworden, so paßte immerhin auch dorthin unter die einstweilen von den Pathen vorbildlich und stellvertretend übernommenen Handlungen, welche erst später in den Jahren des Bewußtseins zu eigenen der Täuflinge werden müssen, ebenso wie ein Glaubensbekenntniß, so auch ein sittliches Gelübde, eine Lossagung vom Bösen, und als eine starke Form dafür kann dann auch wohl, wenn auch ursprünglich davon verschieden [15], der Exorcismus an dieser Stelle verstanden werden; und so war er denn auch nach der schonenden Art, wie Luther und Melanchthon so manches vorgefundene Liturgische behandelt hatten, von ihnen an dieser Stelle geduldet, wiewohl er kaum vereinbar war mit den daneben bekannten Lehren der Kirche, daß die Sünde auch nach der Taufe noch im Menschen sei, und daß Neugeborene durchaus nicht teufelsähnlich seien. Vielmehr ließ er doch die Möglichkeit übrig, nach seinem Wortlaut „fahr aus, du unsauberer Geist" als Heilung eines Besessenen durch einen wirksamen Reinigungsact gedeutet zu werden, und da dies, die Neugeborenen als Besessene und die Geistlichen als durch ihr Amt zur Heilung dieses Zustandes befähigt zu betrachten, in keinerlei Weise durch Schrift oder Erfahrung zu rechtfertigen war, so hatten auch manche Lutheraner den Gebrauch

bei der Taufe aufgegeben, wie glücklicherweise auch in allen
hessischen Kirchenordnungen geschehen ist; sie hatten ihn auch in=
sofern allgemein als unwesentlich anerkannt, als sie ihn bei der
Nothtaufe wegließen, und ganz allgemein hatte man ihn in der
reformirten Kirche von Anfang her überall aufgegeben, Calvin
hatte auch gelehrt, daß auch die ungetauften Kinder der Christen
schon unter dem Einfluß des göttlichen Geistes ständen. Dadurch
aber war denn der Exorcismus zu einem Unterscheidungszeichen
gegen sie überall dort geworden, wo man unter den Lutheranern
ihn festhielt, und so ließ nun erst der Widerwille gegen die Cal=
vinisten auch dies als etwas zum Lutherischsein Wesentliches be=
trachten und nun erst recht wichtig und unveräußerlich finden,
während andrerseits wohl auch schon Mitglieder der Gemeinen
Anstoß daran genommen und Mütter geklagt hatten, daß ihre
Kinder zuerst wie kleine Teufel angesehen und behandelt würden[16].
So jetzt in Kursachsen. Hier aber konnten darum die gemäßigten
und unionsuchenden Theologen zumal bei der Schwierigkeit oder
Unmöglichkeit einer eigentlichen Rechtfertigung und Begründung
des Exorcismus, die Abschaffung desselben zulässig und weil damit
ein Stück Trennung und vielleicht auch eine Gelegenheit zu Anstoß
und Aberglauben wegfiel, auch wünschenswerth und heilsam finden.
Auf diese Wünsche ging auch Krell ein, nicht eben sehr vorsichtig,
da ihm die Reizbarkeit des Religionshasses nicht verborgen sein
konnte. Doch wieder nicht Krell zuerst, sondern sein Kurfürst,
man sagt auf Veranlassung der Verhandlungen, die schon in Anhalt
darüber geführt waren, wünschte hier eine Aenderung, und schon
für die Taufe seiner eigenen Tochter, der Prinzessin Dorothea im
Januar 1591 durch den Hofprediger Salmuth verfügte er die
Weglassung des Exorcismus, freilich zum großen Kummer der
Kurfürstin Sophie und vieler andern am Hofe[17]. Daneben
gingen von vielen Geistlichen Vorstellungen wegen des Exorcismus
ein und Anträge ihn weglassen zu dürfen. Dann, damit einem
Streite vorgebeugt werde, wenn man etwa mit der Einführung
anfinge, kam im Februar 1591 Urban Pierius' von Wittenberg
nach Dresden und in einer Conferenz mit den sämmtlichen dortigen

Geistlichen vereinigte er sich mit ihnen, daß der Exorcismus kein wesentliches Stück der Taufe sei, und entwarf dann eine schriftliche Erklärung, man wolle sich bemühen, diejenigen welche ihn dafür hielten, von ihrem Irrthum und von der Herabsetzung der Taufe, welche darin liege, abzubringen, und ihn so aus dem Sinne und Herzen der Zuhörer herauszupredigen, ehe man zur wirklichen Abschaffung schreite, welche Erklärung sie alle unterschrieben; in demselben Sinne arbeitete er ein noch längeres Bedenken aus, "einhellige Vergleichung", welchem sich sechszehn sächsische Superintendenten, und das waren alle, durch ihre Unterschrift anschlossen. Und als nun auch die beiden Consistorien zu Leipzig und Meißen ihre Zustimmung bezeugt hatten, erst da erging dann ein kurfürstlicher Befehl, daß künftig kein Geistlicher angestellt werden solle, welcher sich dieser Vergleichung nicht auch anschlösse, eine Maßregel, die dadurch ihre Härte verlor, daß ja die Unwesentlichkeit des Exorcismus und darum die Zulässigkeit der Weglassung von niemand bezweifelt werden konnte. Aber natürlich genug war es auch, nach der Art, wie die Parteien einander gegenüber standen, daß nun erst manche sich in ihrem Gewissen geängstigt fühlten, wenn sie etwas anerkennen sollten, was ihnen doch Concession an die Calvinisten schien, und für ihre Aemter zu fürchten hatten, wenn sie die Unterschrift verweigerten; eine Pfarrfrau bestürmte ihren Mann mit dem Verse: "schreibet, lieber Herre schreibt, daß ihr bei der Pfarre bleibt"; in Pirna fielen funfzig versammelte Geistlichen dem Kurfürsten zu Füßen und baten um die Erhaltung des Exorcismus; das Volk glaubte den Kindern werde damit etwas entzogen; in Dresden ward er vom Juli 1591 an weggelassen, aber ein Metzger lief bei der Taufe seines Kindes mit einem Beile in die Kirche, und drohte dem Geistlichen ihm am Taufsteine den Kopf zu spalten, wenn er den Teufel nicht austreibe, und der Geistliche fügte sich dann auch. So hatte man nun dennoch was gerade hatte verhütet werden sollen, eine Aufregung bei vielen Geistlichen und im Volke, was dann wieder zu schärferen Maßregeln weiter führte; die Thätigkeit seines Kanzlers wurde auch dem Kurfürsten zu viel, wenn auch seine Klagen, Krell störe ihn Geschäften und Unterschriften selbst bei der Mahlzeit, vielleicht für den einen rühmlicher sind als für den andern; gegen Pfalzgraf Johann Casimir rühmt sich Krell, der Kurfürst wolle durch ihn überredet jetzt wegen der Religion ganz einig sein mit dem Pfalzgrafen, und so möge ihn dieser auch wieder beim Kurfürsten vertreten, wenn die Landschaft und die Kurfürstin ihm entgegen sein werde; „mit den Pfaffen", schreibt er übermüthig, wenn der Brief ächt ist [10], „will ich schon zurechtkommen, die müssen tanzen wie ich pfeife"; Salmuth, Gundermann und Steinbach reisten im Lande umher, nach Freyberg, Pirna, Naumburg, um den letzten Widerstand zu brechen, und wurden hie und da vom Volke insultirt; der Superintendent zu Freiberg wurde entlassen; die Räthe zu Wurzen erhielten einen Verweis von Krell, daß sie das Schelten der Prediger auf der Kanzel hingehen ließen; die Edelleute, welche eine Zusammenkunft gehalten und sich dort für ihre widersetzlichen Geistlichen zu einer Verwendung beim Kurfürsten vereinigt hatten, erhielten von diesem eine scharfe Zurechtweisung dafür mit der Androhung, man werde die Verursacher solcher Conspiration zu finden wissen, und der Amtmann zu Zwickau soll über sie berichten, der Exorcismus sei kein Adiaphoron, sondern klar Gottes Wort zuwider, sei Menschentand, und der Kurfürst habe die Pflicht die Mißbräuche abzuschaffen, ungeachtet was ununterrichtete Menschen davon schreien und schreiben mögen [19].

Und gerade um diese Zeit, wo die Erbitterung hierüber besonders bei dem Adel den höchsten Grad erreicht hatte, am 25. September 1591 starb noch nicht volle 31 Jahr alt der Kurfürst Christian, nach manchen Anzeichen in Folge großer Unmäßigkeit im Trinken, der Arzt Peucer schreibt, er habe es niemals anders erwartet [20]. Erst fünf Jahre also waren hingegangen, seit die unter August emporgekommene Herrschaft dieser ganzen hier zuletzt so aufgebrachten Theologen- und Junkerpartei ein wenig zurückgedrängt war, und seit der Fürst regiert hatte, der dies gewollt hatte, aber nun er todt war, auch daran unschuldig gewesen

und dazu verführt sein sollte, damit Rache genommen werden
konnte an dem der noch lebte und nun erst recht allein schuldig
gewesen sein sollte. Nun wiederholte sich, nur viel schlimmer als
früher, dasselbe Verfahren, welches die alte Hof- und Adelspartei
mit Kurfürst August noch bei dessen Lebzeiten vorgenommen hatte,
als sie ihn für das, wovon sie ihn endlich abgebracht, andere verantwortlich machen und züchtigen und dadurch seinen Systemwechsel
beschönigen gelehrt hatte. Bei der Minderjährigkeit des Thron-
folgers mußte zehn Jahre hindurch eine vormundschaftliche Verwaltung folgen, und diese war schon als eine interimistische in der
Lage, die Landschaft, das hieß besonders die Ritterschaft gewähren
zu lassen und ihr gefällig zu sein. Dahin ging aber auch die
Neigung des fürstlichen Vormunds, denn dies war Herzog Friedrich
Wilhelm von Sachsen-Weimar, ein Enkel des Kurfürsten Johann
Friedrich, der für seine treue Anhänglichkeit an die Sache Luthers
die Kurlande verloren hatte, ein Schwiegersohn Herzog Christophs
zu Würtemberg und dem strengen Lutherthum ebenso ergeben als
der Gemeinschaft mit pfälzischen und französischen Protestanten
abgeneigt, dabei aufgebracht gegen Krell, dem er es zuschrieb, daß
der Kurfürst seine Verwendungen für die aus Kursachsen entlassenen Geistlichen ziemlich scharf abgelehnt hatte [21]; ebenso gesinnt
war die verwittwete Kurfürstin Sophia, die Tochter des Kurfürsten
Johann Georg von Brandenburg, welcher Mitvormund war, die
Anhängerin des vertriebenen Hofpredigers Mirus, welche jetzt bei
dem Schmerz über den frühen Tod ihres Gatten es gern hörte,
daß dieser eigentlich auch so gut und so gläubig gewesen sei, und
daß auch er in dem was er anderes gethan nur verführt gewesen
sei durch den Kanzler, welcher auch durch das Uebermaß von
Geschäften, wodurch er ihn stets beunruhigt habe und wobei sie
wenig gefragt war, sein frühes Ende herbeigeführt habe [22]. Der
Haß gegen ihn war so leidenschaftlich, daß schon vor dem Be-
gräbniß des Kurfürsten die Kurfürstin und ein Theil des Adels [23]
bei dem Administrator Herzog Friedrich Wilhelm für den Kanzler,
dessen treue Dienste auch das Testament des verstorbenen Kurfürsten rühmte, die Beschimpfung auswirkte, daß er bei dem

Leichenzuge nicht erscheinen und das große Siegel dabei nicht tragen durfte, vielmehr einen Tag vorher ungehört in seinem Hause verhaftet und seiner Papiere beraubt, dann aber nach ein paar Wochen durch Soldaten auf den Königstein abgeführt wurde. Das war der Anfang der Reaction, welche von jetzt an gegen alles durchgesetzt wurde, was der verstorbene Kurfürst Christian an der Stellung der in den letzten zwölf Jahren seines Vaters emporgekommenen Partei geändert hatte. Der vorige Kanzler David Peifer wurde als Kanzler wieder eingesetzt, die um des Exorcismus willen oder schon früher entlassenen Theologen kehrten zur Freude der Gutgesinnten mit den Ansprüchen von Confessoren zurück, zum Theil aus dem Lande des Administrators, der sie aufgenommen hatte, und neue Gesinnungsgenossen mit ihnen, darunter vor allem wieder eine beträchtliche Anzahl Schwaben, welche für ihre Verpflichtung auf die Lehre von der Allgegenwart auch der menschlichen Natur Christi sich und andern allein für ausreichend lutherisch galten, Aegidius Hunnius, welcher mit dieser Lehre auch nach Hessen den Unfrieden gebracht hatte, Polykarp Leyser, Mylius, Leonhard Hutter u. a.; auch Mirus und Selnecker kehrten zurück, während Pierius, Gundermann, Salmuth und Steinbach ebenfalls gefangen genommen wurden. Auf einem Landtage zu Torgau, wo der Herzog Administrator seinen Sitz nahm, wurde dann 1592 ein neues von Hunnius und den übrigen [24] entworfenes Glaubensbekenntniß vorgelegt, die vier sogenannten Visitations-Artikel, eine Zusammenstellung sehr specieller theologischer Bestimmungen über Taufe, Abendmahl, Christus und Prädestination im Sinne der Concordienformel, aber bei jedem dieser vier Artikel verschärft durch eine Aufzählung der als falsch zu verwerfenden calvinischen Lehren, z. B. daß Christus im Abendmahl nur mit dem Glauben und nicht auch mit dem Munde aufgenommen werde, oder daß Gott den wirklichen Leib Christi nicht gleichzeitig an mehr als einem Orte zugleich sein lassen könne. Und mit diesem Bekenntniß schickte nun der Landtag wieder wie bei Einführung der Concordienformel Visitationscommissionen aus, welche nicht nur von allen Geistlichen, Lehrern an hohen und niedern Schulen, sondern auch von den Politicis die Unterschrift derselben beitreiben, zugleich Verweise an die Superintendenten austheilen sollten wegen des Aergernisses, welches sie durch Anschließung an die Vergleichung wegen des Exorcismus gegeben; die Verpflichtung auf das Concordienbuch ward ebenfalls hergestellt und seit 1602 eine eidliche²⁵. Aus Wittenberg hatten sich sieben Professoren und Geistliche schon vorher, meist nach Dessau, wo Peucer noch lebte, geflüchtet; fünf andere wurden noch für Verweigerung der Unterschrift abgesetzt, dazu auch Mitglieder des Raths; noch mehrere Mitglieder der Universität, des Oberhofgerichts, des Consistoriums, des Raths in Leipzig; und diese Disciplin, und mit ihr das Abschwören der Gemeinschaft mit den Reformirten, hat von da an in Sachsen lange Bestand behalten, denn selbst die Visitationsartikel sind dort noch im Anfange unseres Jahrhunderts als Bekenntniß unterschrieben. Die gefangenen Theologen, vielleicht auch Peucers Schicksal fürchtend, waren meist schwach genug, sich Schuldbekenntnisse und Widerrufsformeln abpressen zu lassen, um freigelassen und dann aus dem Lande vertrieben zu werden; für Pierius hatte sich erst die Königin Elisabeth noch verwenden müssen²⁶; Gundermanns Frau hatte sich während seiner Gefangenschaft erhängt; Steinbach brach bei einem Fluchtversuche aus dem Schlosse zu Stolpen ein Bein, und fügte sich nun in alles²⁷. In Leipzig ward der Uebermuth gegen die als Calvinisten bezeichneten Bürger so wirksam aufgemuntert, daß man im Mai 1593 ihnen die Häuser zu plündern und zu demoliren anfing, und daß der Rath sie nicht mehr gegen den Pöbel schützen konnte, da auch die Bürgerschaft sich weigerte, die Waffen für sie zu ergreifen, und selbst verlangte, daß noch an demselben Tage die Calvinisten aus der Stadt fort mußten: das traf fünf Rathsherren, fünf Doctoren der Rechte, einen Arzt, fünf Magister und zwölf andere Bürger, welche vor Sonnenuntergang unter Spott und Hohn vertrieben wurden; erst als der Herzog Administrator mit Soldaten einrückte, und vier der Tumultuanten köpfen, dreißig mit Ruthen hauen, andere vertreiben ließ, war die Ruhe herzustellen²⁸.

Wie aber nun der gefangene Kanzler? Am 18. November 1591

war er auf den Königstein geschafft, in dieselben Räume, worüber noch Schriftsteller des vorigen Jahrhunderts triumphiren, in welchen Mirus ein Paar Wochen gesessen hatte; erst auf dem Landtage zu Torgau im Frühjahr 1592 wagten, wie misliebig es auch war, einige, wie die Wittenberger, für seine Freilassung zu sprechen; auch der Herzog wünschte bloßen Hausarrest für ihn durchzusetzen; auch einige des Adels sprachen dafür und klagten, daß „etliche, so sich im Namen der Landschaft angeben" durchaus nicht die ganze Landschaft seien²⁹; aber diese Etlichen setzten es doch durch, sich als solche, und wenigstens ihren Willen anerkannt zu sehen. Vergebens hatte schon 1591 Landgraf Wilhelm von Hessen sich bei dem Administrator verwandt, und ihm vorgestellt, wie lieb und werth Krell dem verstorbenen Kurfürsten gewesen sei, und wie billig es sei, ihn erst zu hören und die Eröffnung des kurfürstlichen Testamentes abzuwarten; aber der Herzog antwortete, ein Ausschuß der Ritterschaft und die Landschaft seien die Ankläger, und er sei entschlossen, diesen die ganze Sache zu überlassen³⁰. Und doch wußten diese noch nicht einmal, worauf sie Krell anklagten wollten, wenn auch schon, daß sie ihn schuldig finden wollten. Sie richteten erst noch nach dem Landtage im April 1592 die Bitte an den Herzog, daß ihnen alle Krell betreffenden Papiere mitgetheilt werden möchten, „damit wir den Proceß mit mehrer Nothdurft anstellen und Krell als ein Gottloser seine wohlverdiente zeitliche Strafe andern zum Abscheu bekommen möge"; zugleich danken sie der verwittweten Kurfürstin, welche unermüdet nachhilft aber niemals genannt sein will, daß sie mit ihnen über Nichtfreilassung von Krell einverstanden sei³¹. Umsonst supplicirt Krells Frau bei dieser und bei dem Herzog um die Entlassung ihres kranken Mannes³²; umsonst stellt auch Landgraf Wilhelm dem Herzog aufs Neue vor, „daß fast alle und jede dem Kanzler zugelegte Verübung gerade auf den gottseligen Kurfürsten gerichtet und dieser in des Kanzlers Person verfolgt werden will"; wenn man ihn anklage wegen der kurfürstlichen Verordnungen gegen den Exorcismus, wegen „Einstellung des unzeitigen Eiferns auf der Kanzel, und daß man den König von Frankreich nicht hülflos gelaffen, was thue man denn anders, als daß man den frommen Kurfürsten selbst anklage, und es dahin bringen wolle, daß in dergleichen Sachen keinem Kurfürsten von Sachsen ichtwas zu statuiren gebühre, er habe denn dieser Ankläger Bewilligung und Consens zuvor verlangt". Aber der Herzog verweigert nun zwar jetzt noch, daß ex officio gegen Krell inquisitorisch verfahren werde, fordert aber die Landschaft zur Anklage und zur Beschleunigung derselben auf [23]. Darüber geht ein zweites Jahr hin, während man Krell wie Peucer behandeln, ihn durch Knechte und Soldaten mishandeln läßt in einem Thurm, in welchen Schnee und Regen an sechs Orten einbringt und ihn umsonst um Reinigung von Schmutz und Ungeziefer, um Arzenei, um einen Arzt oder eine Wärterin bei seiner Krankheit, um ein Messer oder auch nur einen Barbier ihm die Haare zu schneiden bitten läßt [24]; Auch Landgraf Moritz von Hessen bittet nach dem Tode seines Vaters den Administrator für Krell, daß er wenigstens „in seiner Unschuld nothdürftig gehört, und daß die geliebte Justitia vor Augen gehalten und deren zuwider gegen ihn nichts statuirt, sondern er vielmehr bei Gleich und Recht erhalten werden möge"; es sei zu bedenken, sagt der hessische Fürst, „wenn treue Diener keine andere Belohnung nach ihrer Herren tödtlichem Abgang zu gewarten haben sollen, wenn sie ihrer Herren Befehl treulich verrichtet, denn daß sie, sobald ihren Herren die Füße kalt worden, bei den Köpfen genommen, in Verwahrung gestrickt und zu solchen Processen von ihren Misgünstigen gezogen werden sollen, — daß solches ehrlichen Leuten, so sich in Kur und Fürsten Bestallung begeben sollen, nicht unbillig allerhand Nachdenkens geben und hiernächst treue Diener, die ihrer Herren und deren Land und Leute Bestes gern werben wollten, schwerlich anzutreffen sondern dies theuer machen dürfte" [25]. Im folgenden Jahre 1593 auf einem neuen Landtage zu Torgau waren die adeligen Führer der Landschaft wenigstens mit einem ersten Verzeichniß von Klagepuncten fertig, über welche sie auch an die verwittwete Kurfürstin berichteten und deren Beistand zugesichert erhielten, und sie wählten nun aus ihrer Mitte einen eigenen großen Ausschuß von 27 Personen, welcher unter Leitung von zwei Directoren, Erbmarschall von Löser und Hofrichter von Schomberg, den summarischen Proceß wider Krell führen lassen und in Zusammenkünften berathen sollte ³⁶. Die vornehmsten Klagepuncte waren, Krell habe viel Verwirrungen sowohl im geistlichen als im weltlichen Regiment ganz schädlich angerichtet, den in der rechten reinen Religion von Jugend auf mit größtem Fleiß erzogenen Kurfürsten irre gemacht, durch Abschaffung des Exorcismus die Landeskirche zerrüttet, die heilige Bibel durch calvinische Glossen calvinistischer Theologen verfälschen lassen, Luthers Schriften abgeschafft und calvinistische Bücher eingeschoben, die Rechte der Kirchenpatrone und der Stifter verletzt (letzteres sollte dadurch geschehen sein, daß drei Söhne des Kurfürsten unter seiner Mitwirkung zu Administratoren von Meißen, Merseburg und Naumburg gewählt waren) ³⁷, er habe auch zwischen dem Kurfürsten und dem Kaiser und andern Fürsten Misverständnis bewirkt und durch die französische Expedition viele vornehme Leute um Vermögen und Leben gebracht. Schon damals im Anfang 1594 wollen die Kläger ihre Sache lieber am nahen Kaiserhofe durch eine Gesandtschaft beim Kaiser Rudolf in Prag vorbringen, mit dessen Gesandten sie darüber mündlich schon verhandelt hatten, und wollten ihn für die junge Herrschaft um die alte Freundschaft bitten und dabei vorstellen lassen, wie was in der letzten Zeit daran verdorben sei, Krells Schuld sei, der sein Amt gemisbraucht habe ³⁸; aber wenigstens in dieser Form litt auch der Administrator dieses Präoccupiren des Kaisers nicht. Inzwischen hatte Krells Frau nach Andeutungen, welche er an sie gelangen zu lassen gewußt hatte, das Reichskammergericht zu Speier wegen verweigerter Justiz für ihren Mann angerufen, und das Gericht erließ nun 14. März 1594 im Namen des Kaisers ein mandatum poenale sine causula, worin es bei Strafe von zehn Mark Goldes den fürstlichen Vormündern aufgab, Krells Anklägern endlich einen Termin zur Einbringung ihrer Klage zu setzen unter Androhung ewigen Stillschweigens, wenn sie ihn nicht einhielten, ebenso den Angeschuldigten zur Verantwortung zuzulassen und dazu auf freien Fuß zu setzen ³⁹. Dies brachte nun zwar

etwas mehr Thätigkeit unter seine Gegner, aber es erbitterte sie
auch noch mehr gegen Krell und dessen Frau, welche nun auch
eine Zeitlang verhaftet wurde; der Herzog gab den Klägern noch
eine Frist zur Einbringung ihrer Klage, im August 1594 wurde
dann wirklich endlich eine solche bei ihm eingereicht und am Ende
des Jahres 1594 wurden nun auch einige Rechtsgelehrte von
Leipzig und Wittenberg bestimmt, als Commissare den peinlichen
Proceß gegen Krell zu birigiren⁴⁰. Aber Krells Freilassung
ward nicht gewährt; vergebens bat er und die Seinigen darum
auch deshalb, weil Krell seine Vertheidigung sonst gar nicht vor-
bereiten könne; nur einmal im Sommer 1595 durfte er dem
Notar der Commission einige Bogen zu seiner Verantwortung
übergeben, was dann aber wieder von dem Ausschuß der Landschaft als eine Abweichung vom summarischen Inquisitionsproceß
gemißbilligt und zu vernichten gesucht wurde. Bald aber neue
Zögerungen und Verschleppungen die Jahre 1595 und 1596 hin-
durch⁴¹; und als diese nun endlich ein schärferes Mandat des
Kammergerichts zu Speier nach sich zogen, nämlich unterm 9. Dec.
1596 eine Androhung mit der Reichsacht, wenn das frühere
Mandat nicht endlich beachtet werde⁴², da wirkte der Herzog
Administrator im Einverständniß mit der verwittweten Kurfürstin
nunmehr beim Kaiser Rudolf einen Inhibitionsbefehl desselben vom
7. Mai 1597 an das Kammergericht aus, daß es der inländischen
sächsischen Behandlung der Sache Krells und dem dort schon an-
hängigen Processe bis auf weitere kaiserliche Resolution nicht ferner
Eintrag thun solle. Und nach dieser Hemmung des Kammergerichts-
verfahrens, welche angeblich zur Erleichterung der inländischen
richterlichen Entscheidung geschah, wurde nun sogleich auch in
Sachsen Krells Sache den dazu committirten Richtern wieder genommen und vom Herzog verfügt, daß der Proceß von der Landes-
regierung ex officio birigirt und nun als peinlicher Inquisitionsproceß durch den kurfürstlichen Fiscal als Ankläger geführt werden
solle. Vergebens protestirte Krell, daß er nicht so als Inquisit
behandelt werden dürfe, sondern zu einer ordentlichen Vertheidigung
zugelassen werden müsse, wie ihm selbst in seiner kurfürstlichen

Bestallung wörtlich verbürgt war; doch nach längerem Weigern, bloß mündlich auf vorgelegte Fragen zu antworten, ließ er doch durch Commissarien am 21. September 1597 und nochmals nach einem Jahre, in welchem man die Aussagen zu widerlegen gesucht, am 24. August 1598 mündliche Verhöre über sich ergehen. Der Ausschuß der Stände nahm nun wohl schon im December 1598 an, daß Krells Aussagen widerlegt seien; dennoch beschäftigte er sich noch die Jahre 1599 und 1600 hindurch, es war das neunte und zehnte Jahr der Gefangenschaft Krells, ohne von ihm irgend eine weitere Vertheidigung zuzulassen [46], mit Verstärkung seiner Beweise für vier Klagepuncte, für welche er zuletzt allein einen Beweis antreten wollte, und wobei er sich eigentlich ganz auf solche politische Anschuldigungen beschränkt hatte, von welchen sich beim Kaiser eine Wirkung erwarten ließ, nämlich 1, daß Krell sich in Händel gemischt, welche ihn nichts angegangen und den Kurfürsten im Reiche verdächtig gemacht, als ob er zur calvinistischen Lehre übergetreten sei; 2, daß er ihn zu dem französischen Kriegswesen verleitet, und 3, durch unbedächtige Schreiben sowohl den Kaiser mit dem Kurfürsten, als auch 4, den Kurfürsten mit der Landschaft habe zusammenhetzen wollen. Und als sich's nun fragte, was für ein Gericht hierüber erkennen sollte, da galt es zuerst wieder sich des Kammergerichts zu Speier zu entledigen, welches sich, wie die Kläger sagten [47], „in solchen Sachen sich ziemlich verdächtig im Erkennen und Sprechen verhalten", d. h. ziemlich abgeneigt sich ihrer Rachsucht dienstbar zu machen; es wurden vielmehr noch 1600 und 1601 neue kaiserliche Inhibitorien ausgewirkt, welche die Entscheidung des Kammergerichts wiederum zurückwiesen und auf's Neue der kurfürstlichen Jurisdiction die Sache vorbehielten [48]. Sogleich darauf machte man nun dennoch davon keinen Gebrauch, die Rechtsgelehrten in Wittenberg und Leipzig hatten sich sogleich anfangs unfügsam gezeigt; vielmehr nun schickte der Herzog Administrator eine eigene Gesandtschaft an den Kaiser Rudolf nach Prag, einen aus dem sächsischen Adel und den Dr. Goedelmann, welcher seit Jahren zu Speier und sonst den Proceß nach den Willen der Kurfürstin und des Ausschusses geleitet hatte, und diese

Abgeordneten mußten bitten, daß die Sache nun von kaiserlichen Richtern unter den Augen des Kaisers entschieden werde. Aber zugleich richtete die verwittwete Kurfürstin unmittelbar ein Bittschreiben an den Kaiser, in welchem sie ihm dankt, daß er die Sache Krells, damit dieser nicht „der wohlverdienten Strafe entzogen werden möchte", dem Kammergericht entzogen und den inländischen Inquisitionsproceß gegen ihn gestattet habe, und mit welchem sie ihm selbst eine Zusammenstellung der, wie sie sagt, über Krell erwiesenen Händel zuschickt, welche sie durch eine vertraute Person für ihn habe machen lassen; weil der Kaiser daraus „klärlich befinden werde, wie Krell ihren seligen Mann vielfältig betrogen, seinen fürstlichen Namen gegen seinen Eid gemißbraucht, und eigenmächtig etliche Sachen zu prakticiren sich unterstanden, so wider den Religions= und Landfrieden laufen und dem ganzen heiligen römischen Reiche Zerrüttung verursachen können", so bittet sie, Kaiserliche Majestät wolle die allergnädigste Verordnung thun, daß eine recht ernste Strafe wider ihn erkannt werden möge. Ebenso muß ihr Sohn, der noch nicht volljährige Kurfürst Christian II. sich selbst und was die Ueberbringer vorzulegen haben werden, dem Kaiser empfehlen und ihn bitten, eine geringe Verehrung von ihm anzunehmen⁴⁰. Das wirkte denn nach Wunsche; an solchen „geringen Verehrungen", wenn der Kaiser selbst sie annahm, wird es auch sonst nicht gefehlt haben; wenigstens war nun die Hemmung des Rechtslaufs entschieden und der längst gewünschte Justizmord endlich gesichert; der Kaiser übergiebt die Sache in Prag, wo er seit Jahren seinen Sitz hatte, „unsern verordneten Räthen, so über den Appellationen in unserm Königlichen Schlosse Praga sitzen", und diese katholischen böhmischen Richter gaben nun im Namen des Kaisers schon am 8. September 1601 ohne viele Entscheidungsgründe ein kurzes Urtheil ab, gerade so wie die Kurfürstin es bestellt hatte, daß Niklas Krell mit seinen vielfältigen bösen und wider seine Pflicht vorgenommenen daheim und mit fremden Herrschaften gebrauchten Praktiken und allerhand arglistigem schädlichem Fürnehmen, dadurch er wider den aufgerichteten Landfrieden und Turbirung gemeines Vaterlandes Ruhe und Einigkeit gehandelt, sein Leib und Leben verwirkt habe und mit dem Schwerte andern zum Abscheu gerechtfertigt werden solle von Rechtswegen. Und der Herzog Friedrich Wilhelm beeilte sich zwei Tage vor dem Ablauf seiner Vormundschaft dies Urtheil noch zu bestätigen [50]; am 22. September 1601, wo er die Regentschaft niederlegte, wurde es Krell auf dem Königsteine publicirt.

Noch einmal schreit dieser um Hülfe und nach Recht; „ich hätte mich eher des Himmels Einfall versehen", schreibt er an den Herzog Friedrich Wilhelm, „denn eines solchen Urtheils"; er wisse sich vor Gottes Angesicht solcher bösen Praktiken unschuldig, und würde das dargethan haben, wenn man ihn nur, wie Rechtens und vom Kammergericht längst befohlen, gehört hätte; auch seien nur etliche in Religionssachen und in wenig politischen Sachen ergangene Dinge gegen ihn vorgebracht, welche, wenn sie auch über ihn bewiesen seien, was doch nicht sei, Leibes und Lebensstrafe nicht auf sich trügen; der Herzog wolle ihm endlich noch die seit zehn Jahren entzogene Möglichkeit zur Nachweisung seiner Unschuld nicht ferner vorenthalten lassen [51]. Aber er erhielt keine Antwort mehr; auch von dem jungen Kurfürsten nicht, dem man sogleich nach seines Vaters Tode einen andern Lehrer gegeben hatte [52], und jetzt seine Regierung mit dieser Blutschuld anfangen ließ. Dennoch, scheint es, konnte Krell es bis zuletzt nicht glauben, daß man das Urtheil wirklich an ihm vollziehen wolle. In der Nacht vom 5. auf den 6. October 1601 wurde er vom Königssteine nach Dresden geschafft, und dort in ein vergittertes Zimmer des Rathhauses aufgenommen, und drei Tage wurden ihm hier noch gegeben sich zum Tode vorzubereiten; ein Pfarrer Nicolaus Blum aus Dohna und zwei andere sollten ihm dabei beistehen; wir haben darüber noch den ausführlichen Bericht des erstern [53]. Die Geistlichen hielten es für ihre Pflicht alles aufzubieten, um ihn zum Geständniß seiner Schuld zu bringen, weil sie ihn nur dann als reuig und als recht vorbereitet zum Sterben betrachten konnten; aber wie oft er ihnen auch sagte, daß er sich vor Gott als einen schweren Sünder ansehe, ein Zugeständniß der besondern Schuld, für welche ihm die Strafe zuerkannt war, vermochte er nicht abzulegen; „ich bekenne, daß ich in viel Wege wider Gott gesündigt habe, wer wollte sich nicht gern zu einem Sünder bekennen, und daß ich Gottes Zorn und ewige Strafe gar wohl verdient habe, aber das lange Gefängniß und den schmählichen Tod bekenne ich, daß ich der keines verdient habe, denn ich bin kein turbator communis pacis et tranquillitatis, ich habe den Landfrieden nicht gebrochen". Den ersten Tag gab Blum zuerst eine sehr schwarze Beschreibung eines Calvinisten als eines Menschen, der nicht auf Gott, sondern nur auf sich selbst vertraue, den Weg zum Heidenthum bereite, die Länder mit Aufruhr erfülle, worauf Krell, das habe er in Calvins Institutio, die er im Gefängniß gelesen, nicht gefunden; er glaube aber auch, daß Gott nur das Gute wolle und nicht auch das Böse; er bleibe bei der Lehre Luthers und Melanchthons, mache aber keinen Abgott aus Philippo, der nicht irren könnte, und erhebe die Bibel über alles. Den zweiten Tag antwortete er Blum, daß er sich zur unveränderten Augsburgischen Confession bekenne, und bittet auf dies Bekenntniß um Absolution und Communion; auch auf die Frage nach der Concordienformel bekennt er sich zu den Affirmativen darin, aber an den Verdammungen darin habe er Mißfallen, er sei kein Theolog, worauf ihn Blum belehrt: „ein Christ ist der Herr Doctor; ein rechter Christ aber muß die Widersprecher nicht allein verdammen, sondern auch verfluchen". Und warum er denn, fragt dieser weiter, die eifrigen Anhänger der Augsburgischen Confession verfolgt, zum Theil mit Weib und Kind vertrieben habe? Krell antwortet, darum sind sie verfolgt, weil sie dem Kurfürsten in Abschaffung des Exorcismi, in einem geringen Dinge, nicht gehorsamen wollen, der Exorcismus gehöre ja nicht zur Taufe. Aber warum er denn statt der verjagten Geistlichen calvinische Prediger habe befördern helfen? Nicht er, sondern der Kurfürst habe Plerius und Steinbach kennen gelernt und berufen, beide hätten sich aber zur Augsburgischen Confession bekannt, sonst hätten sie nicht berufen werden können; freilich hätten sie und Salmuth und Gundermann manches Ungereimte gepredigt, was er ihnen auch öfter habe vorhalten lassen, aber Gundermann habe ihm antworten lassen, er solle sich um seine Kanzlei bekümmern und ihn sich lassen um seine Kanzel in Leipzig bekümmern. Aber dann habe er ja solche nicht anstellen dürfen und bekenne sich schuldig, wenn er es gethan; er dürfe seine Sünde nicht verkleinern. Nein, wenn er nach seinem Rath sich schuldig gebe, dann beschwere er sein Gewissen, dann verdiene er zu sterben. Als Blum ihn hier als verhärtet verlassen wollte, bat Krell ihn zu bleiben; aber Blum, wie er sich selbst ausdrückt, setzte nun Mosis Hörner auf statt der Lammeshörner, donnerte ihn an, er möge Gott danken für sein Gefängniß, es sei viel Böses dadurch verhindert, welches er in den zehn Jahren würde gestiftet haben, das Predigtamt habe seine Autorität durch ihn verloren, der Landesvater, der Kurfürst, sei vor der Zeit verblichen und würde, wenn diese Turbirung nicht gethan, wohl länger gelebt haben, und die Landesmutter sei Wittwe und ihre Kinder Waisen geworden, „und ihr wollt noch unschuldig sein"? und wer habe denn die Bibel verfälscht? Worauf Krell, das sei alles geschehen, nur habe er nicht allein die Schuld, die Bibelbearbeitung habe ihm auch nicht gefallen, es sei Betrieb der Geistlichen gewesen. Am dritten Tage, den 8. October, fanden ihn die Geistlichen milder, er klagte über eine schwere Nacht und bat um Trost; es sei wahr was sie ihm aufgerückt, er habe oft in consiliis geirrt, aber in guter Meinung und nicht wider sein Gewissen, in geistlichen und weltlichen Dingen habe er wohl geirrt, aber das sei alles errore geschehen und die Rechte sprächen keinem, der in consiliis geirrt, das Leben ab; die Pfaffen hätten ihn verleitet. Er wolle sich bedenken und sich morgen erklären. An diesem Morgen, dem Morgen seines Todes, fanden sie ihn wieder fester; alles andere sei richtig, aber Friedensstörer sei er nicht, dabei müsse er bleiben; er wolle willig sterben und nicht über Gewalt und Unrecht schreien, ausgenommen eins begehre er, daß man ihm die Beneficien, welche die Rechte erlaubten, vor Gericht nicht wehren wolle, doch das gehe sie als Geistliche nichts an. Er legte ihnen nochmals ein langes Glaubens- und Sündenbekenntniß ab, und wie ihm alle seine Sünden leid seien, und wie er seinen Glauben mit der That im Leiden wie im Sterben beweisen wolle, und wenn ihm Gott das Leben länger fristen würde, wolle er sich so verhalten gegen das Predigtamt und die Obrigkeit und den Nächsten, daß jeder seine guten Werke und Gott preisen solle, und darauf ließen ihn die Geistlichen dann zum Abendmahl zu; er machte dann noch Vermächtnisse an Kirchen, Schuldiener und Hospitäler, bat die Geistlichen stets bei ihm zu bleiben, ihre Gegenwart sei ihm immer lieber geworden, er empfahl ihnen seine Frau, und daß diese sich an Gottes Wort halten solle, damit sie beide einst wieder vereinigt würden; sie war an dem Tage noch vergebens mit einem letzten Fristgesuche dem jungen Kurfürsten nachgereist, welchen man Tags zuvor aus Dresden hatte abreisen lassen; Krell bat auch Blum, statt seiner, denn er möge zu viel reden, der ganzen Gemeine eine Bitte auszusprechen um Vergebung für alles, was er gegen Hohe oder Niedere gesündigt habe. Inzwischen war in demselben Rathhause das Gericht schon zahlreich versammelt, trieb den Pfarrer Blum an mit dem Beklagten zu eilen und ließ schon anfangen „ein nothpeinlich Halsgericht auszurufen; wer dafür zu schaffen, solle sich angeben, es soll ein jeder mit Klag und Antwort gehört werden". Schon hier ließ Krell, der es noch in seinem Gefängniß hörte, durch den Profoß das Gericht bitten, ihn noch zu hören, aber dafür erhielt nun der Profoß einen Verweis, er habe für den verdammten Krell das Wort nicht zu führen und solle thun was sein Amt mit sich brächte. Nun trug man Krell in seinem Schlafpelze in einem Stuhle vor das Gericht, die üblichen Formalien begannen, der Scharfrichter war mit seiner Anklage an den Richter zu Ende, da bat Krell auch ihn noch zu hören, und als der Richter erwiederte, „ich habe dessen keinen Befehl, Dr. Krell", und Krell entgegnete, aber er habe doch so eben das Gericht gehegt und ausrufen lassen, daß wer etwas dafür zu thun oder zu schaffen habe, vortreten solle, es solle einem jeden zu Recht verholfen werden. Aber die Richter und Schöppen nach einiger Verlegenheit ließen zuletzt das Urtheil vorlesen und noch ehe es zu Ende war den Stab brechen. Krell brach noch einmal heftig aus: er gestehe der Dinge keines, so ihm darin zugemessen, er habe an das Kammergericht appellirt und thue das nochmals und bitte seine Exception dem Kurfürsten vorzubringen und ihn seine Läuterung und Appellation prosequiren zu lassen, er wolle seine Unschuld innerhalb sächsischer Frist dermaßen ausführen, daß männiglich mit ihm zufrieden sein solle. Der Fiscal antwortete, "seine Läuterung und seiner Freunde Appellation sei dem Kurfürsten zugeschickt, und der habe dennoch die Vollziehung des Urtheils befohlen". Und Krell wieder: er könne das nicht glauben, das ganze Urtheil sei null und nichtig, habe er auch in consiliis geirrt, so doch nicht das Leben verwirkt; es möge einer auftreten und ihn anklagen, so wolle er über alles Rechenschaft geben. Worauf der Fiscal: er habe keinen Befehl sich mit ihm in Disputat einzulassen, und auf noch eine bittere Klage antwortete man ihm dann nicht mehr, sondern befahl dem Scharfrichter zu prozediren. Und Krell sagte nun: nun wohlan, es geschehe in Gottes Namen der Kaiserlichen Majestät und des Kurfürsten Wille; er bat nun den Pfarrer Blum, seine Abbitte vorzulesen, unterbrach diesen noch, als Blum die Anwesenden für ihn um Verzeihung bat mit den Worten "auch die Abwesenden", und wurde nun in seinem Schlafpelze zuerst auf den Markt hinunter getragen, wo er um ein Ausruhen zum Gebete bat, und wo ihm dann das Vater Unser und Lieder wie "Gott der Vater wohn uns bei und laß uns nicht verderben" u. a. von Blum vorgesprochen wurden, und alles, sagt dieser, habe Krell sich fein zu appliciren gewußt, wie er ihm auch dies Argument nachgesprochen habe: "wer da glaubet und getauft wird, der soll selig werden; ich Nikolaus Krell bin getauft und glaube, so werde ich gewiß selig werden, denn Gott kann nicht lügen, er ist ein Gott der Wahrheit". Er möge jetzt, sagte Blum, seinen Namen Nikolaus Ueberwinder des Volks beweisen und durch wahren Glauben Tod, Teufel, Sünd und Hölle überwinden. Ich habe sie, sagte Krell, Gottlob im wahren Glauben an Christum überwunden, sie sollen mich nicht scheiden von der Liebe Gottes in Christo. Auf dem Schaffot sprach er Blum noch das Gebet nach: "O Herre Gott, in meiner Noth ruf ich zu dir, du hilfest mir", und dann als der Henker ihn gefragt, ob er nun fertig und bereit sei, und er dies mit einem festen Ja beantwortet, sagte er noch: „Vater, was du geschaffen, Jesu was du erlöst, heiliger Geist was du zum ewigen Leben geheiligt hast, das gebe ich dir wieder in diesem Augenblick". Nach diesen Worten wurde er von dem Schwerte des Scharfrichters getroffen, und dieser, seinen Gebietern geistesverwandt, soll dann noch gespottet und seinen geschickten Hieb gerühmt haben: Krell, das war ein calvinischer Streich, seine Teufelsgesellen mögen sich wohl vorsehen, denn man schont allhier keines; er soll auch noch den Kopf aufgenommen und damit gespielt haben: „o es stecken in diesem Kopf viel verwirrte calvinische Sachen, es sind ihrer aber noch mehr unter dem Haufen, ich denke, die sollen auch noch in meine Fäuste gerathen". Auch die verwittwete Kurfürstin Sophie soll die Execution, ihr Werk, selbst mit angesehen haben: „sie wolle dem Mann sein Recht anthun sehen, der ihren seligen Herrn so übel angeführt habe" [34]. So viel Unnatur und so auch Unweiblichkeit kann herauskommen, wo der Haß sich für christliche Frömmigkeit hält und doch nur völliger Mangel daran mit Ueberfluß an Selbsttäuschung ist.

Anmerkungen.

Die handschriftlichen Quellen, aus welchen die Geschichte Krells zu schöpfen ist, sind reichlich nachgewiesen vor der neusten Bearbeitung derselben von A. W. Richard, Dresden 1859, 2 Bde. in 8, S. XVII—XXIX. Ebenfalls ausführlich, doch weniger gewählt, ist das ebendaselbst S. XXX—LIV gegebene Verzeichniß gedruckter Bücher über Krell, denn Hauptbeiträge dazu wie Kieslings Fortsetzung von Löschers historia motuum (Schwabach 1770 in 4), Gleichens Lebensbeschreibungen der kursächsischen Hofprediger (Dresden 1730 in 4), Hasse über Krell in Niedners Zeitschrift für historische Theologie 1848, K. Ad. Menzels vortreffliche Darstellung im Bd. 5 seiner Geschichte der Deutschen u. a. (s. auch noch einige der Schriften unten Anm. 53) sind hier nicht erwähnt, wohl aber Pierers Universal=Lexikon, Winers Handbuch der theologischen Literatur, Raumers Taschenbuch u. dgl. m. Wäre sonst in Richards Schrift auch durch die Verarbeitung des darin angehäuften trefflichen Materials noch mehr geschehen, um den ganzen Hergang durch Unterscheidung des Wichtigen vom Unerheblichen übersichtlicher, und durch Hervorhebung seines Zusammenhanges mit den damaligen politischen und kirchlichen Gesammtzuständen Deutschlands, insbesondere mit den Antecedentien unter Kurfürst August, verständlicher und begreiflicher zu machen, so wäre eine gedrängtere Zusammenstellung der entscheidenden Hauptsachen und eine wiederholte Beurtheilung derselben, wie sie hier wieder versucht ist, wohl kaum erforderlich und gerechtfertigt gewesen.

1. Thuanis historiarum sui temporis lib. 101, edit. Francof. 1621 T. 4 p. 949. Häusser Gesch. der Rheinpfalz Th. 2 S. 170—73.

2. Die Denkmünze mit Krells Bilde steht in Kupfer gestochen in Köhlers Münzbelustigungen Th. 7 S. 193 und in Klotzsch und Grundigs Sammlung von Nachrichten zur sächsischen Geschichte Th. 4 S. 1.

3. In der Stelle des Liber decanorum facultatis theol. acad. Viteberg, wo zum Jahre 1581 bemerkt wird, wie eine kurfürstliche Commission, darunter Nik. Selnecker, von den Professoren aller Facultäten die Unterschrift des Concordienbuches beigetrieben habe, heißt es: doctorem vero Matthaeum Wesenbeckium, ne subscribere cogeretur, excepit ipse Elector, peculiari schedula mandato inserta«. Ausgabe von Förstemann S. 59.

4. Aeußerungen Krells, ein Edelmann ohne Tugend und Geschicklichkeit verdiene keine Achtung, bei Weisse neues Museum für sächs. Geschichte Bd. 1 S. 94. S. dazu oben S. 40 Anm. 11.

5. S. die Auszüge aus den Acten bei Hasse über den Krellschen Proceß, in Niedner's Zeitschrift für hist. Theol. 1848 S. 321. Auch die neuen vom Kurfürsten Christian 1588 der Universität gegebenen Statuten sagen, daß weil aus der Unterschrift des neuen Concordienbuches „allerhand Ungelegenheit entstanden" und schon vom Kurfürsten August einige Professoren davon dispensirt seien, so sollen sie sich künftig nach Gottes Wort zur Augsburgischen Confession, Apol., Repetitio A. C., und „den Lehrschriften Lutheri und Philippi bekennen" und „hierbei gelassen und mit der Subscription (des Concordienbuches) nicht belegt werden". Liber decanorum etc. ed. Förstemann S. 174—75.

6. Mittheilungen daraus bei Richard Th. 1 S. 40 ff. und S. 263 ff.

7. Bei Richard Th. 1 S. 68—72.

8. Hasse a. a. O. S. 319—21.

9. Kiesling Fortsetzung von Löschers hist. motuum S. 87—88. Peucers Urtheile über Selnecker s. oben S. 45 Anm. 59.

10. Beschreibungen dieser Bibel bei Baumgarten Nachrichten von merkwürdigen Büchern Bd. 8 S. 298 und Zeltner de novis bibliorum versionibus Germ. S. 118 ff.

11. Ueber diese Veränderung und die Wirkung davon s. Chr. E. Weisse a. a. O. Th. 1 S. 93—94. Böttiger Gesch. von Sachsen Th. 2 S. 62.

12. Die kurfürstliche Zusicherung vom 25. Juni 1589, welche allein schon ausreicht, Krells Tod als Justizmord zu er-

weisen, in Klotzsch' und Grundigs Sammlung Th. 5 S. 228—32 und bei Richard Th. 1 S. 77—81.

13. Kießling S. 112. Ranke französ. Geschichte Th. 1 S. 537.

14. Nach Höfling das Sacrament der Taufe Th. 1 S. 389 und G. v. Zezschwitz Katechetik Th. 1 S. 286 seit Cyprian; nach Krafft Historie vom Exorcismo S. 87 ff. erst im vierten Jahrhundert.

15. Höfling a. a. O. S. 380: „beim Exorcismus ist der Energumene nicht das Subject, sondern zugleich mit dem ihn besitzenden Dämon das Object der Handlung. Ganz anders verhält es sich mit der Abrenuntiation, hier tritt der Mensch mit Freiheit dem Satan als einer außer ihm befindlichen Macht gegenüber".

16. Darauf berief sich Krell noch kurz vor seinem Tode gegen Blum: „viel Leute ärgern sich am Exorcismus; zu Leipzig sprach eine Niederländerin: ich gehe mit keinem jungen Teufel schwanger. Solches Aergerniß aufzuheben und zu verhüten, haben J. K. Gn. den Exorcismum abschaffen wollen". Blums Leichpredigt S. 28.

17. Im Februar 1591. Gleich Annales Eccl. Leben der sächsischen Hofprediger S. 416.

18. Brief vom 4. August 1591 bei Kießling S. 99—100, nach der Note e daselbst erst 1717 wieder bekannt geworden. Wenn man den Inhalt dieses Briefes, dessen Ton sich allerdings von Krells sonstiger Mäßigung unterscheidet, und auch wohl nicht ganz mit den Aeußerungen des Pfalzgrafen über sein Verhältniß zum Kurfürsten Christian (oben S. 56) zusammenstimmt, mit den Gegenreden Krells in Klotzsch und Grundigs Sammlung Th. 4 S. 42 vergleicht, so kann man geneigt werden, sie auf diesen Brief zu beziehen.

19. Ueber dieses alles Joh. Seb. Müller Annalen des Hauses Sachsen S. 205. Krafft a. a. O. S. 405—420. Kießling S. 96—114, auch S. 120. Gleich S. 416—429. Richard Th. 1 S. 75—86, S. 283—89.

20. Peucers Brief an Fürst Christian von Anhalt 2. Oct. 1591 in Beckmann's accessiones Anhaltinae S. 151. Andere ärztliche Aeußerungen bei Richard Th. 1 S. 87 und Thomasius Annalen S. 208.

21. Kießling S. 94.

22. Selbst diese Klagepuncte wurden auch später noch erheblich befunden, wie man aus Kiesling S. 119. 120 sieht.

23. Ihre Bitten vom 23. Oct. 1591 in Klotzsch und Grundigs Sammlung Th. 5 S. 233—35; an demselben Tage, dem letzten Tage vor dem kurfürstlichen Leichenbegängniß, wurde Krell in seinem Hause verhaftet, und am 18. November 1591 auf den Königstein abgeführt.

24. Aeg. Hunnius gilt für den Hauptbearbeiter der Visitations-Artikel, wie er sie auch noch in einer besondern Schrift „gründliche Verantwortung der vier streitigen Artikel" vertheidigte; als Mitarbeiter nennt z. B. Joh. Ben. Carpzov Isagoge in libros eccl. Luth. symbolicos (Leipzig 1665) S. 1707 noch Mirus, Mylius, Lohner, Harbard und Mamphrasius; Kiesling S. 149 nur die drei ersten. S. auch das liber decanorum Viteb. p. 76.

25. Kiesling S. 147—160. Bloß über Leipzig Thomasius Annalen S. 211 und K. Ad. Menzel deutsche Geschichte seit der Reformation Th. 5 S. 190 ff.

26. Kiesling S. 138.

27. Gleich S. 460. Richard Th. 1 S. 137—140.

28. Ueber das alles Richard Th. 1 S. 142—54. 341—357.

29. Ihre Eingabe zuerst in Weisses neuen Museum Th. 1 S. 91—112. S. auch Klotzsch und Grundigs Sammlung Th. 4 S. 17.

30. Richard Th. 1 S. 101—103.

31. Daselbst S. 116. 117.

32. Daselbst S. 105—106.

33. Daselbst S. 117—124. Landgraf Wilhelm war am 25. August 1592 gestorben.

34. Krells eigener Bericht bei Klotzsch Th. 5 S. 236—46.

35. Bei Richard Th. 1 S. 163—66.

36. Klotzsch Sammlung Th. 4 S. 21 ff. Thomasius S. 213—223. Richard Th. 1 S. 170 ff.

37. Auch hier war also das Verbrechen Krells, daß er das Interesse des Kurfürsten gegen den Adel vertreten hatte. Weisse Museum für sächsische Geschichte Th. 3 S. 87 ff. Menzel a. a. O. S. 211.

38. Eine dazu bereits vorbereitete Instruction bei Klotzsch Th. 5 S. 259—66 konnte darum nicht gebraucht werden, s. daselbst S. 199 und Th. 4 S. 23—26. 36. Richard Th. 1 S. 181.

39. Das Mandat des Kammergerichts bei Richard Th. 1 S. 195—200.

40. Die Klage bei Klotzsch Th. 5 S. 294—313 f. daselbst S. 210. Die ernannten Rechtsgelehrten daselbst Th. 4 S. 32 und Richard S. 221. 222.

41. Richard S. 244—50. Klotzsch Th. 4 S. 33.

42. Aus dem Jahre 1596 ist auch ein Gutachten der Tübinger Juristenfacultät, welche sich darin noch nicht genug instruirt bekennt, bei Richard Th. 2 S. 13—24.

43. Das zweite Mandat des Kammergerichts bei Richard Th. 2 S. 28—30.

44. Dieser kaiserliche Befehl an das Kammergericht in Klotzsch Sammlung Th. 4 S. 77—87, in der anonymen Biographie Krells (Leipzig 1798) S. 178—188 und bei Richard Th. 2 S. 36—44. Sogleich nachher bringt die verwittwete Kurfürstin wieder auf eine Gesandtschaft an den Kaiser nach Prag auf Kosten der Landstände, Richard S. 44.

45. Das erste Verhör im September 1597 ausführlich in Klotzsch Sammlung Th. 4 S. 91—176; das zweite viel kürzer daselbst S. 41—43. Richard Th. 2 S. 87—197.

46. Dies ward ausdrücklich beschlossen Klotzsch Th. 4 S. 47. 179. Auch König Heinrich IV. von Frankreich hatte sich im Herbst 1598 für Krell verwandt, doch wurde auch diese Fürbitte unschädlich gemacht, Richard Th. 2 S. 62 ff. S. 288—309.

47. Klotzsch Sammlung Th. 4 S. 48.

48. Das eine vom 8. September 1600, das andere vom 2. Mai 1601; beide und die Verhandlungen dazwischen bei Richard Th. 2 S. 65—86.

49. Diese beiden wichtigen vielleicht entscheidenden Schreiben der Kurfürstin und ihres Sohnes an den Kaiser Rudolf vom 18. und 23. Juni 1601 theilt Richard Th. 2 S. 313—16 mit, fast ohne sie zu bemerken, wenigstens ohne ihrer im Text zu gedenken.

50. Das Urtheil und die Aneignung desselben durch den Administrator bei Klotzsch Th. 4 S. 49—51 und bei Richard Th. 2 S. 202. Nach einem daselbst mitgetheilten Zusatze soll das Urtheil am 8. November publicirt werden, während man die Execution schon vier Wochen vorher vollzogen hatte; ebendaselbst wird gesagt S. 204, daß das „Urtheil uf die einkommenen Acten mit gutem Wissen Ihrer Kaiserlichen Majestät selbsten geschlossen und concipirt worden sei".

51. Das Schreiben steht schon in der Schrift „Antwort und Gegenbericht auf die Leichpredigt Blums, durch Krellens Freunde" 1605 S. 69—79, ebenso bei Klotzsch Th. 4 S. 181—85 und bei Richard Th. 2 S. 204—208. Wie selbst um diese Zeit die Kurfürstin selbst ihren Gefangenen noch überwacht s. Richard S. 209.

52. Darüber klagten schon die oben S. 73 bezeichneten Mitglieder der Landschaft in ihrer Beschwerde bei Weisse neues Museum Th. 1 S. 111.

53. „Leichpredigt über den custodirten D. Nic. Krell, welcher den 9. October wegen seiner Verbrechung auf der Römischen Kaiserlichen Majestät Endurtheil öffentlich zu Dresden enthauptet worden 1601. Geschehen in der Kirche Unserer Lieben Frauen den folgenden Tag hernach durch Nic. Blumium, Pfarherrn zu Dohna, etc.", Leipzig, 70 S. in 4. Sie veranlaßte zunächst eine Gegenschrift des aus Sachsen vertriebenen Urban Pierius „Examen der in der Leichpredigt über den enthaupteten D. Nic. Krell vorgebrachten falschen Beschuldigungen" Bremen 1602, 262 S. in 8. Dagegen richtete Ph. Nicolai in Hamburg ein »Examen examinis Pieriani« Hamburg 1603, 600 S. in 8 und „die drei Prediger, so auf Kurfürstlichem Befehl bei dem gerechtfertigten D. Krell aufgewartet haben", Blum, Tob. Rudolf und Adam Moller, ein »Examen examinis Pieriani continuatum«, 1603, 231 S. in 8. Noch in demselben Jahre schrieb dann Pierius wieder ein zweites „Examen und Erläuterung der Leichpredigt über D. Nik. Krell gehalten, sammt beigefügter Abfertigung des ubiquitistischen Predigers Ph. Nicolai". Bremen 1602, 264 und 45 S. in 8. Und noch später erschien eine Antwort und wahrhaftiger Gegenbericht auf die Leichpredigt u. s. w. publicirt durch Herrn Dr. Krellens seligen Freunde und andern der Wahrheit Liebhaber", 1605, 189 S. in 8. Alle diese seltenen Schriften finden sich auf der Bibliothek zu Gießen, auch die zuletzt genannte und Nicolais Examen examinis, welche beide in Richards Aufzählung fehlen, also vielleicht auch auf den sächsischen Bibliotheken.

54. Arnold Kirchen- und Ketzerhistorie (Ausgabe von 1729) Th. 1 S. 870. Th. 2 S. 776.

Von Herrn Professor Dr. Henke sind ferner bei uns erschienen und in allen Buchhandlungen zu haben:

Petri Abaelardi Sic et Non. Primum integrum ediderunt E. Henke et G. Lindenkohl. br. Rthl. 2.

Consensus repetitus fidei vere Lutheranae MDCLV. Librorum ecclesiae evangelicae symbolicorum supplementum. br. 20 Sgr.

Konrad von Marburg. Beichtvater der heiligen Elisabeth und Inquisitor. br. 6 Sgr.

Das Verhältniß Luthers und Melanchthons zu einander. br. 3 Sgr.

Die Eröffnung der Universität Marburg im Jahre 1653. br. 5 Sgr.

Das Unionscolloquium zu Kassel im Juli 1661. br. 3 Sgr.

Spener's Pia Desideria und ihre Erfüllung. br. 3 Sgr.

Papst Pius VII. br. 4 Sgr.

Eduard Platner. br. 3 Sgr.

Rationalismus und Traditionalismus im 19. Jahrhundert. br. 4 Sgr.

Marburg, im December 1864.

N. G. Elwert'sche Universitäts-Buchhandlung.